ちくま新書

思いつきで世界は進む

」で考えた50のこと

1384

橋本 治
Hashimoto Osamu

思いつきで世界は進む

——「遠い地平、低い視点」で考えた50のこと

【目次】

第三章 誰もが話を聞かない時代 107

はじめに

この本は筑摩書房のPR誌「ちくま」に二〇一四年七月号から連載されているものを、初めから五十回分まとめて一冊にしたものです。私のこのテの連載には「橋本治が書いている」ということ以外に一貫性はありません。毎月「なに書こうかな？」と思って、「先月あれ書いたから、今月は気を変えて違うものにしよう」という、内容の一貫性とはまったく違う方向に向かっています。それでこういう連載を書籍化する時には、統一感を出すために私が編集をすることになっているのですが、今回は担当編集者の橋本陽介さんが「やる」と言ってくれたので、お任せしました。

私の書いたものですから、自分で並べ直したって分かりやすくはならないだろうし、他人に任せたって分かりやすくなるかどうかは分かりません。この四年間は世界的に変動の時代で、同じことが繰り返されるように私には思われて、書いていることも重複しているところがありますし、時間がたってしまうと「これはなんのこと？」になってしまうこともあります。未来の推量形だったものがあっと言う間に過去形になっていたりもします。書いた私だって、すべてがなんのことかを記憶しているわけではありません。それで、各篇の最後には「何年の何月号に向けて書かれたものだ」という註記を入れてもらいました。そのことを手掛かりにして、「これはあのことだ」と当時を思い出していただければと思います。いくらなんでも「過ぎたことだからもう忘れた」ですましていい四年間ではないように思います。

「遠い地平、低い視点」という連載タイトルのくせにずいぶんな上から目線の物言いですが、私ももう世の中のことがあんまりよく分かりません。まるで遠い国境の丘の上から、姿勢を低くして、その先にある世の中の様子を眺めているようなものです。

高いところから俯《ふ》瞰《かん》しているだけでは、ぼんやりしてそこになにが起っているのかはよく分かりません。でも、想像力という双眼鏡を使うと、「かつてそこにあったような風景」が見えて来ることがあります。遠い地平を俯瞰的に眺めて、想像力だけを地に下ろして現実を低く見るというのがこの本のあり方であるように思います。

第一章

バカは忘れたころにやってくる

反知性より無知性がこわい

俗に「おやじ系週刊誌」と言われるものがあった。今でもまだあるが、相変わらず「おやじ系週刊誌」と言われているのかどうか分からない。「そういうものがあったはずだが、どうしてるんだろう?」と思ったのは、「おやじ系週刊誌」とは同種の「出版社系週刊誌」である「週刊文春」や「週刊新潮」がスクープを飛ばしているような時期だったからだ。

森友《もりとも》学園の問題で財務省の文書改竄《かいざん》が問題になり、加計《かけ》学園問題で「あそこの獣医学部新設は『首相案件』だと総理秘書官が言ってたぞ」と愛媛県知事が告発し、大臣に次ぐ財務省の№2事務次官が女性の取材記者相手にセクハラ問題を起こし、日本レスリング協会でパワハラ問題が起こり、日大のアメフト部は試合中に暴行まがいのタックルを試合相手の選手に仕掛け、そのシーンが公になって、それをやった選手が謝罪の会見をして「監督やコーチの指示だ」と言ったにもかかわらず、監督やコーチは「辞めた」だけで、なにがあったのかを明らかにしない。そのことから日大の理事長ワンマン体制が問題になったけれども、理事長は出て来ない。

スポーツ関係者の愚行は別として、これだけのスキャンダルが続発したのだから、内閣が倒れても不思議はない。なにしろ、森友、加計の両学園問題は、総理大臣が「知らない、関係ない」と言い続けていることによって曖昧になっているだけだから、倒閣問題に発展しても不思議はない。「これで内閣が倒れないのは、野党がだらしないからだ」などと、物を識る人達は言うみたいですが、そうでしょうかね？　私は、騒ぎ声が小さすぎるからだろうと思いますね。

野党の力が弱いのは、それを支援しようとする国民の声が小さいからで、そうなったらもう煽り立てるしかない。昔は、なにかスキャンダルめいたことがあると、新聞の下三分の一くらいの週刊誌広告が載るスペースが、一斉に喚き立てていた。ついでにテレビのワイドショーも騒いだが、堅いスキャンダルは文字メディアの週刊誌の方が強い。その声のでかさが事態を動かしていたこともあるんだから、かつてはその一翼を担っていた「おやじ系週刊誌」がどうなっているのかなと思った。そしたら、ひょんなことからその「おやじ系週刊誌」が送られて来て、見てびっくりしてしまった。そこに「社会へ対する関心」

というのが、まったくないのだ（!）。

読者というのは、かつてのサラリーマンあるいは今もまだサラリーマンの、定年前後の男達なんだろうが、彼等の関心事は第一に金――「こうすれば財産が増やせる」あるいは「こうすれば相続で損をしない」。続いては、健康。「こうすればまだやれる!」のSEX記事。ヘアヌードや袋綴じも健在だが、往年の生色はなく、最も輝いているのが、おやじ達の青春を輝かせたかつてのアイドルの、その昔の水着写真だったりするから唖然とする。

唖然としながら、「そうだ」と思い返して見直すと、現実の社会で起こっていることを伝えるような記事がほとんどない。年取れば視野が狭くなるとは言うけれど、閉じつつある自分のことにしか関心が持てない男達が、ある程度の量確実にいることを知らされて、「それでいいのかよォ!」と言いたくなる。

でもそれは、オッサンだけではない。安倍内閣の支持率は、若い人間ほど高いという。首相のスキャンダルを野党が追及しようとしても、非難されるのはスキャンダルの中心にいる首相ではなくて、いつまでも同じことを飽きもせずに追及している野党の方だという。「方向が違うだろうが」と思い、「なんでそうなるんだ?」と思い、自分がバカな高校生だった頃の頭の具合を考えた。

そうすると話は簡単で、思考する頭のキャパがそんなにないところへ、「なにが真実か」を曖昧にするようなデータがダーッと流れ込む。「これ、前に聞いたぞ」と思うようなことが何度も繰り返されて、結論は出ない。「誰が悪いことをしたのか」は伏せられて、「これらの細かい雑多なデータから結論を導き出しなさい」と言われているような気がして、腹が立って来る——「そんなの知らねェよ」と思って。誰に腹が立つのかと言えば、事実を曖昧にしている首相周辺にではなくて、雑多なデータをやたらと押しつけて来る「出題者」——野党とか、ジャーナリズムに対して。自分が○か×かの印がつけられるような問題の出し方をしてくれないと、問題を出す方に対してキレてしまう。要は、考える能力がないってだけなんですけどね。

反知性主義というのは、欲求不満に陥ったおやじ達が野放しにする妄想的な世界観だとしか思えないが、欲求不満になる人間は、考えてみりゃ、まだ頭を外に向けてるんだな。自分の目を外に向けなくなったら、もう無知性だ。「考えろ!」と言うデータの山を「うるさい!」と言って撥ねのけていたら、知性というのは育たないんだが。

二〇一八年八月

「バカ」という抑止力

「脱法ドラッグ」を「危険ドラッグ」と言い換えた時のことです。私は「そんな変え方したってやめるわけないんだから、これからは〝脱法ドラッグ〟を〝バカドラッグ〟に言い換えればいいんだ」と、一人でいきまいておりました。いきなり「バカドラッグ」と言ってもしょうがないので、この連載の初めの方（第一章「『ありのまま』ってなんだろう」参照）では「毒ドラッグ」という中途半端な言い方をしてしまいましたが、やっぱり「バカドラッグ」です。「バカがやって、バカになる、バカドラッグ」というコピーが、一番手っ取り早く分かりやすいと思います。だってホントに、「バカがやってバカになる」なんだから、「バカドラッグ」に間違いはないですよね。

前に「〝オレオレ詐欺〟とか〝振り込め詐欺〟じゃ、新手の詐欺に対応出来ないから、年寄りにも分かるような新しい呼称を考えよう」ということになって、「母さん助けて詐欺」というネーミングが生まれましたが、すぐに忘れられました。忘れられるより早く、そう決まったと聞いた途端、「そんなもん頭に入るわけないだろ」と私は思いました。なにしろ対象は「振り込め詐欺に引っかかる年寄り」なんだから、そんな長ったらしいネーミングが頭に入るわけない。「どうして〝言い換えを考えよう〟になると、すぐに忘れられて効力がないものばかり選ばれるのか」と、私はそのお上品な選び出し方が不思議ですね。

そりゃやっぱり、「バカドラッグ」という言い方はあんまり広まらなかろうと思いますよ。「バカがやって、バカになる、バカドラッグ」も、「ホントだ」と思う人はいくらでもいるだろうとは思うけれど、やっぱり流通しなかろうとは思いますね。なにしろ「バカ」だもの。お上品な人達はそれを避けて、だからこそバカなやつらは自分のことを「バカ」だとは知らぬままに生きてしまうのですけどね。

「危険」という言葉に抑止力はないと思いますね。「危険」はただ「注意を促す言葉」で、「危険」と言われたって、「そんなの知ってるよ」で平気な人間はいくらでもいる。だから「危険」と言われているドラッグに手を出す人間はいくらでもいる。自転車に乗ってる人に「危ないよ」と言ったって、「平気だよ」の言葉しか返って来なかったりする。「自転車に乗る」ということは、「俺は自転車でどんなものでもヒョイヒョイかわせちゃう」という方向へ行くことでもある。だから、車道をビュンビュン飛ばしてる自転車に「危険だよ」と言っても、乗ってる人間は自分に自信があるから、平気で車道をビュンビュン飛ばす。「危険」を承知している人間は、違反じゃなくても車道には出ない。だからと言って、私は自転車に乗っている人間を「バカ」だとは思わない。「そういうもんだからしょうがないな」と思う。

それに引き換え、「バカ」という言葉には十分な抑止力がある。だから、人は「バカ」と言われると怒る。今時、それだけの力を持った言葉は「バカ」だけで、だからそのインパクトを削ぐために、今や人は「バカ」の前に「お」を付ける。「おバカ」と言って言葉の持つ力をやわらげてしまうと、「おバカ=なんとなく可愛らしい感じがするもの」になって、人は平気でバカ丸出しになる。「バカ!」という力を持った制止表現がなくなると、人は自分の「バカ」に気がつかなくなる(らしい)。だから日本は「バカばっかり」になっちゃったんだろうなと、私は思う。

「バカ」を「おバカ」と言って中和した結果、日本人は大切なものをなくしてしまった。それは「恥」の感覚ですね。

「バカ」と言われりゃ、少し以上たじろぐのに、「おバカ」になったらたじろがない。「バカ!」にはエクスクラメイションマークがつくが、「おバカ」にはつかない。下手をすればハートマークがついてしまう。「バカ」が「おバカ」になって、バカがたじろがない結果、「バカでもいいんだ。バカってたいしたことじゃないんだ」と思って、「バカな自分を恥じる」という感覚をなくしてしまう。「恥」の感覚をなくしてしまうということは、知性にとっての危機なんですけどね。それで日本はやばいことになっているんだと、私は本気で思いますけどね。

でも、日本人が「バカ」と言われることを恥じなくなったわけじゃない。「バカ!」と言われれば、明らかにたじろぐ。「バカだったらやばい」という感覚は、まだ十分に日本人の中に生きている。だからそれを「おバカ」だなんて、つまらない言い換えをしない方がいいと思う。

なんで「バカ」じゃいけないんだろう? 「危険だからやめましょう」と言われるよりも、「バカがやって、バカになる、バカドラッグ」の方がずっと大きな抑止力になると思うのは、「バカ」と言われないことにあぐらをかいている人間だからこそ、そんなドラッグに手を出すからだ。

二〇一五年二月

ニュースがどんどん下りて行く

ニュース番組でコメンテーターをやっていた人が経歴詐称をしていたことがバレて、出演するラジオやテレビの番組をすべて降りて、メインのニュースキャスターとして出演を予定されていた新番組もキャンセルになってしまった。男前の人ですけどね。

実は私は、彼の話を聞いたことがない。ニュース番組に出た彼が、キャスターから「どうでしょう?」と話を持ち掛けられて「そうですね――」と口を開いた途端、チャンネルを変えてしまうから、彼の顔を見て彼の声を聞いてはいても、話す内容を聞いたことがない。

私がチャンネルを変えてしまうのは、「ああ、こっちとは関係ない美男喋りだな」と思うからで、「美男喋り」は私の造語である。

日本のインテリは、相手に分からせようとしてゆっくりと喋るということをしない。自分の言いたいことだけ限られた時間内で喋ろうとするから、早口になる。相手に分からせるつもりはあっても、「すごく一杯分からせたい」という気が強いから早口になって、「なんだか一杯喋ってたな」という感想しか残らない。「一杯物知ってるんだろうな」とは思うけれど、言われたことが残らない（なんだか自分のことを言ってるような気がして来た）。

ゆっくり喋るインテリというのは、すごい年寄りか緊張して舌が回らなくなった人か、話自体が苦手で、そもそも「人に向かって話をする」という方向性を持っていない人だ。「話をする」というのは、学問をするのとはまた違う技術の問題だから、「話をするのが苦手」という学者さんが当たり前にいたって不思議はない。

そもそも「説得力」というものは、なにに起因するのか？　最近の私は、「人は話の内容で説得なんかされるのかな？」と思っている。それは「説得される」なんかではなくて、「自分が納得したい話にしか納得しない」で、話の内容とは関係なく、相手の話し方がよければ納得してしまうということだろう。だから詐欺師は話がうまい。「話のリズムに乗せられて騙される」というのは、結局のところ、人は「話の内容」で説得されるわけではないということだろう。

人を説得するスタイルに、もう一つ「美男喋り」がある。これは誰でも出来る技ではない。美声の美男だけが出来る。美声の美男が顔を向けて、「それはね――」とゆっくり話し掛けて来たら、へんに自負心の強い女でもない限り、みんな説得されてしまう。男だって、美男が「あなたのコンプレックスや敵愾《てきがい》心を刺激しないように穏やかに喋ります」とやり始めたら、好感を持つ。それは「説得する」ではなくて、「魅了する」なのだけれど。「魅了する」という説得術は、世間にいくらでもある――あって、それを否定する気はないけれど、しかし「ニュース番組にまでそれは必要か?」という気はする。だから私は、かの経歴詐称の男前氏がニュース番組で穏やかに口を開き始めると、「私はいらない」と思ってチャンネルを変えてしまった。私はニュース番組に「当たり前のことを当たり前のように納得する儀式」を求めてはいないので、「え?! この人はなに喋ってんだよ?」と思いながら、聞きにくい早口のコメンテーターの話の内容を、苦労して峻別している。

でも、私のような人間は少数派だろう。「ニュース番組に〝魅了する〟という説得術は必要ないだろう」と私が言ったって、「美人キャスター」という言葉は当たり前に存在する。「美人キャスター」という言葉が存在して、需要というものがあるのなら、当然「美男キャスター」の需要はあるだろう。需要はあっても、そういう現物はなかなか存在しないというところに、学歴詐称氏の存在理由もあったんだろう。

私は「高卒や中卒の美男のニュースキャスターやコメンテーター」というものがいたっ

て不思議はないだろうと思っている（コメンテーターが役割ではなくて職業であるというのは不思議だが）。しかし、高卒や中卒の美男のニュースキャスターだと、頑張りすぎて早口になり、「美男である」ということが隠れてしまう懸念がある。私は別にそれでもかまわないとは思うが、「視聴者を魅了する」という方向へ持って行きたいテレビ局としては困るだろうな。

経歴詐称氏にまつわる騒ぎで、私は「やっぱりファッションとしての学歴なら、日本のより外国の大学だろうな」と思うし、その人の話が人を納得させるんなら、経歴詐称なんかどうでもいいじゃないかと思うし、ニュース番組が視る側の「納得」に向くのも、「俺は見ないからいいけど」で片付けてしまうけれども、あきれるのは、視聴率低迷で悩むテレビ局が「イケメンのコメンテーターをキャスターにすればニュース番組の視聴率が取れる」と発想してしまったことで、そこまでニュース番組のレベルを下げてどうするんだよ。

二〇一六年五月

さまよえる男達

最近、「小太りの若中年」のような男達を見て、「この人達、結構やばくないかな」と思う。もう「若者」ではない。しかし「中年」と言われることは拒絶するような年頃の男で、未婚と既婚とを問わず、へんに幼児性が強い。一応「社会のルールを守る」ということは知っているから、知らずに割り込みなんかをしてしまったのを注意されると、素直に謝るけれど、礼儀を教えられただけの子供のように、うるさく言う人がいなくなると、傍若無人的なだらしなさを露呈してしまう。ジャンクフードかどうかは知らないが、食うこと、あるいは飲むことにそれほど不自由はしていないから、小太りになってしまう。「自分のあり方は肯定されている」と思っているからだろう、傍若無人の気が全身から漂う。

男性原理主義社会で、男のわがままは野放し状態のようになっているから、年を取って定年過ぎで働かなくなった後でも、共に暮らす妻から「どうしてあなたはそう横柄なの」と言われてしまう――そこら辺には似てはいるけれども、「小太りの若中年」は、「男であることの特権性に寄っかかっている」というよりは、「幼児的なまま」でいる。

こういうことを言ってもあまり男にはピンと来ないのだろうけれども、「成長して社会を担う一員になる」という方向性がなくなってしまうと、「ルールだけを知っている子供」のように、「俺は俺なんだからいいじゃないか」という状態になってしまう。でも、実際は「いい図体をした子供」のようなもので、しかも「子供であることの先」がないのは、かなりやばいことのように思う。

何年か前、大阪の「名門」と言われる小学校に男が侵入して何人もの子供や教師を殺傷した事件があった。そこまで行かなくても、通学途中の小学生の列に「うるさい！」と言って石を投げたり、「殺す」と脅したりする人間がいる。みんな男だ。私には、「自分はもう幸福な小学生ではない、でも自分の外側には幸福な小学生達がいるから、憎くてしょうがない」という、へんな嫉妬の心理が働いているような気がしてしまう。もう「大人」なのに。

この間、高速道路でいやがらせの煽り運転をして他人の車を停めさせ、その末にトラックの追突を招いて二人の子供を持つ両親を死に至らしめた「事故」というか「事件」があった。この件で逮捕された男は、「小太りの若中年」系のボーッとした表情の男だった。

その彼は日頃から、走行中の他人の車に近寄って煽り運転を繰り返していたんだという。このことをきっかけにして「ロードレイジ」という言葉がパッと広まったけれど、そういう「高級なもの」なんだろうか？　私には、友達のいない小学生が、同じ年頃の仲のいい子供達を見つけると近づいて行って、「よう、よう」と難癖をつけたり、軽い暴力行為に及んでしまうのと同じように思われる。「なァ、なんで友達になってくんねェんだよ」と言って知らない相手にぶつかって行く子供は、その昔にいくらでもいたけれど、いつの間にか彼等の前から、「成長して大人になって行くルート」はなくなっていたのかもしれない。

男と女が二人乗りで、夜の道をバイクで走っているのを見た男が、運転する車でつけ回し、煽り運転で転倒事故を起こさせた事件などは、それを仕掛けた男の中に棲む「不幸」が、あまりに見え透いている。

車を運転すると人格が変わることがあるというのは、子供の時から知っている。ディズニーの短篇アニメでそういうのがあった。いつもはノンキで温厚なはずのグーフィーが、車に乗ってハンドルを握ると、突然目を血走らせて魔王のようになってしまう。でも、車から下りるとまたノンキなグーフィーで、乗るとまた悪魔になる。

車というモビルスーツをつけて、尊大になっている人間はいくらでもいる。特に「高級車」では。歩いていてもそれは分かる。「こっちは道を空けてやってるんだぜ。それなのになんだ、そのえらそうな顔は」と言いたくなる人間は、いくらでもいる。でも、誰もが車を運転して「戦闘機乗り」のような精神状態になるわけじゃない。そうなってしまうベースがあってのことだろう。

「幼児性がある」というのは、別に悪いことではない。誰の中にもそれはある。それを弾圧してしまうと、人間は錆びついてしまう。でも、幼児性は誰の中にもあるもので、成長した人間は、自分の幼児性を守るために、そして暴走させないために、幼児性を覆うカバーを持っている。そう進むのが「成長の方向性」というもので、日本人はそれをいつの間にかなくしたらしい。

「大人にならなくていい。大人にならずにいれば、消費経済を支えるいい消費者になれる」でいいんだろうか？

二〇一七年一二月

度を過ぎた量はこわい

一カ月ほど前、桜が満開の京都祇園《ぎおん》白川で、恒例だった夜桜のライトアップが中止になった。車も通るさほど広くない道に観光客が犇《ひしめ》き合って、やたらと写真を撮りまくっている。通行に不便だし、危険でもあるので、人が集まるライトアップを止めたんだそうな。その通りにある旅館の女将《おかみ》さんが、「ここは和のテーマパークやないんです」と言っていた――というのをテレビのニュースで見た。「やっと問題になったのか」と、私は思ったのだけれども。

実はもう何年も前から思っていたことがある。NHKの天気予報で特徴的なのだが、「今この地では某《なにがし》の花が咲きました」という季節のトピック映像で、必ずと言っていいほど、カメラを持って咲く花に迫る中高年の男の姿が映る――しかもアップで。「映すんなら花映せよ」と思うが、それを邪魔するように中高年が出て来る。アマチュアカメラマンがきれいな季節の花を撮ってたっていいけど、そのことを季節のニュースに映し出す必要ってあるか？「きれいな花より、カメラを構える中高年のオッサン」になると、それは中高年の男達に「皆さん、カメラを持って出て来て下さい」とアピールしているようにも思えてしまうが、それ必要？

中高年のオッサンじゃなくて、オバサンならいいのか、若い女ならいいのかという、カメラを構えている側の見てくれの問題ではなくて、「写真を撮る」という行為が「被写体となるものを我が物とする」というような欲望丸出しの行為だから、やなの。「そんなもん、見せなくたっていいじゃないか」と、ニュースを流す方に対して思う。多分、それが「欲望を丸出しにする行為」だと思われていないからそういうことになるんだろうけれど、プロのカメラマンなら、写真を撮る時「自分の気配を消そう」と思うんじゃないんだろうか。カメラを構える自分と、被写体となる対象とどっちが大切かと言えば、当然「自分より対象」のはずだから、そう考えるカメラマンの気配は、自然と「消える」の方向に行くんじゃなかろうか。

昔、女の友達が言っていた。「石持ち上げたりすると、蟻とか小さい虫がびっしりいたりするでしょ。あれ、気持悪くてこわい。あと、いくらとか筋子とか、ともかく小さいものがびっしり集まってるのを見ると気持悪くなる」と。こっちは子供の時から、ちょっとした大きさの石を見つけると持ち上げて、蟻やらなにやら、小さいゲジゲジにミミズまでが密集しているのを見ると、「あ、いた！」と思って喜んでいた類だから、その「びっしりいるのがこわい」という感覚がまったく分からなかったのだけれど、最近になってそれが「分からなくもない」という程度にはなった。

鉄道マニアが、「なんとか車輛のラストラン」を写真に撮ろうとして駅のホームに犇き合っている光景を見せられると、「助けてくれ」と言いたくなる。タレントや有名人を囲んだ若い女の群れが、やたらの数のスマホのレンズを一斉に向けているのを見ると、背筋がぞっとする。あからさまに「それ、あたしのもの！」という欲望が丸出しになっているから。

食べ物屋で、女が出された食べ物にカメラのレンズを向けているのを見たら、昔は「変わったことをする女だな」くらいにしか思わなかったが、今はそれを見た瞬間、「これと同じことをしている女が怒濤のようにいるんだ」と思って怖気立つ。いくらの一粒一粒に「鮭の欲望」は感じないけれども、一つのどうということのない行動を多くの人が同時にやっているのを見て、うっかりとその人達の欲望を感じ取ってしまうと、そこに「収拾のつかなさ」が見えて落ち着かなくなるというか、不安になる。ＣＭの映像で、無数の小さくなったタレントの加藤諒が好き勝手に動き回ってるのを見た時は、「ちょっと、やめてくれ」と言いたくなった。

映画の『バイオハザード』で、無数のゾンビがモタモタと近寄って来るのを見ると、ムズムズする。ただのゾンビより、量がこわい。昔の映画の『十戒』で、モーゼに率いられる民衆がモゴモゴ歩いてるのを見ても恐怖感を持たなかったのは、あれが多分「意志を持たない一塊の群衆」だったからだろう。だからと言うわけではないが、朴槿恵《パククネ》大統領の辞任を求めるやたらの数のデモ隊がソウルの大通りを埋め尽しても、「おお、民衆の蜂起だ」というような、昔風の高揚感が持てなかった。「それでどうするんだろう?」という混乱の方を感じた。

ただ単に「同じものがびっしりと集結しているとこわい」というだけなんだろうか?大量の人間が集まっていて、欲望が丸出しで、でもそれがなんの「物語」も持たずにそれっきりというのは、不気味でこわい。今では「人が行列している」と聞くと、もうそれだけで近寄りたくない。

二〇一七年六月

「ありのまま」ってなんだろう

私は映画なんか見ませんが、『アナと雪の女王』が大ヒットして、多くの人が「ありのままの」とか「ありのままで」を大声で歌っていたことは知っています。映画館では「みんなで一緒に歌おうヴァージョン」も上映されて、観客が声を合わせて歌っていたりして、「なんでツケマツ毛とかマツ毛エクステをしたまんま、〝ありのままの自分〟を称えるような歌を歌えるんだろうか?」と、私なんかは思います。

一九九〇年代には『素顔のままで』というテレビドラマがあったけれど、一九六〇年代末の「ありのまま」は真っ裸になることでしたね。「今までの自分の虚飾を捨ててステージ上で真っ裸の姿を見せる」という作品が、ミュージカルの『ヘアー』をはじめとしていくつかありました。そういう昔感覚からすると、「ありのままで!」とかを歌うんだったら、まず自分のツケマツ毛を取ってからじゃないのかなとかは思うのですが、どうもそうじゃないですね。今の世の「ありのまま」は、「私はツケマツ毛をつけたいと思っている、その欲望を持つ私をありのままに認めろ」と、どこかに向かって言っているんですね。

昔の「真っ裸になるありのまま」は、衣服に代表される虚飾、あるいは社会的な表象、従属というものを脱ぎ捨てると、その後に「まったき善」としての自分が姿を現すことになっている。だから、真っ裸になるのはいいが、その後は大変なことになる。そのまま生活を続けるとなると、一度脱ぎ捨てた服をもう一度身にまとわなければならなくなる。刑法とか風紀上の問題ではなくて、全裸で社会生活を送るのは不便が多いし、冬になると寒い。それで再び衣服を身に着けなければならないが、思想上の理由で全裸になった人間は、改めて衣服を身に着けるに際しても、思想上の整合性が求められる。一遍すべてを拒絶してゼロに戻った者がそこから再スタートをするのは、とても面倒臭い。結局は、閉鎖的なコミューンで生活するような状態にもなってしまう。でも「ツケマツ毛をつけてもありのまま」派には、そんな苦労がいらない。根本が、「私はツケマツ毛をつけてばっちりメイクもしていたい」と思う自己肯定だからだ。

自分は否定されないんだから、「ありのままでありたい」という欲望は増殖する方向にしか進まない――「ありのまま」を求める限りは。人が「ありのまま」の方向に進むと、警察の出動は多くなるでしょうね。「バカドラッグを吸って気持よくなりたい」と思う自分のありのままに従うと、とんでもない交通事故が増えるし、「幼い女の子を監禁して自分の妻に仕立て上げたい」という『源氏物語』以来の欲望にありのままになると、小学生の女の子は行方不明になるし、なんだかんだいろいろとんでもない人がいくらでも出て来る。「ありのままだけやってると、社会生活を営む上で不調和が生まれて来る」というようなことは、まず考えられないらしい。

「自分が第一」になっちゃうとそういう方向に進んでしまうのだろうけれど、驚くのは「自分は人に言えない厄介な秘密を抱えている」と思っている人がとんでもなく多いことですね。だって、そういう前提でもなかったら、「ありのままで！」や「ありのままの！」を歌うことがカタルシスにならない。日本人は圧倒的に「特徴を持たない普通の人」だと思っていたけれど、そうでもなくて、「生きて行く上で自分を押し殺して苦しがっている人」ばかりらしい。

じゃ、どうであればいいんだろうか？　今や日本人の多くが――子供まで、「押し殺した自分」という秘密を抱えているらしいが、そのことと、日本人の多くがあまり意味のあるとは思えないヘンな自己表現や自己主張にのめり込んでいることとは、関係がないんだろうか？　ツケマツ毛をはずさず、つけたまま「ありのままの自分になっている歓び」を歌うというのは、「無意味でもあるような過剰な自己表現がないと、生きた気がしない」というのと同じようなことだとしか思えないのだけれど。

『アナと雪の女王』は日本だけじゃなくて世界的に大ヒットだというから、世界中に「ありのままの自分でありたい」と思う人は多いのだろうが、その人達はみんなツケマツ毛をつけていたり、「ツケマツ毛をつけたい」と思っているのだろうか？　どっちなのかは分からないが、今の「ありのまま」派が「ツケマツ毛をはずすことがありのままの自分になることだ」と思っていないだろうことは、確実のように思う。

すごい婉曲なことを言っていますが、バカ達が声を合わせて「ありのままの！」と歌っていると、「バカのまんまでいいのかよ?」と思うな――ということですね。

人間のあり方は変わって、今の「ありのまま」派の人は、きっとお小遣いでいろんな物を買って消費経済を動かすんだろう。ツケマツ毛の一件に関しては、どうでもいいと言えばどうでもいいが、「ありのまま」によって動かされる世界経済というのは、哀しいものだと思います。

二〇一四年九月

「危機意識」はないのか?!

二〇一七年八月半ばのお盆過ぎの頃、東京では二時間の間に千個の雷が落ちたんだそうな。「うるせェな」と思いながら、私は机に向かって仕事をしていたのだが、夕方のニュースを見て驚いた。

多摩川のどこかでは花火大会があった。河川敷に人が敷物を広げて大勢待機しているところに、どしゃぶりの雨が襲った。そこか別のところかは知らないが、多摩川の河川敷には雷が落ちて、濡れた地面を伝わって来た落雷に触れて何人かは感電したというから、そのどしゃぶりの雨に襲われた花火会場にだって雷鳴は聞こえていたんだろうなと思う。

突然の雨に驚いた人間達は逃げ出して、多摩川に架かる大きな橋の下に避難する。橋を通る道路に降る雨は溢れ、滝のように飛沫《しぶき》を上げてその下に避難した人間達の前に降り注ぐ。ずっと仕事をしていてその先もまだ仕事をし続けなければならなかった私は、「遊んでばっかりいるから罰が当たるんだ」と、呪いの声をひそかに漏らすが、そのニュース映像の中にとんでもないものが交っていた。

襲いかかる雨を避けようとして、河原から走って避難する浴衣姿の若い女が二人——濡れて、肩を並べて走る女が二人、なんと、笑っている。「やだーッ!! キャーッハッハッ」と音を付けてもいいくらいの笑い方をしている。つまり、彼女達は「嬉しそうに笑っている」と言ってもいい顔をしているのだ。多摩川に女二人が浴衣を着て花火見物に行くんだから、当然メイクだってちゃんとしていて、髪形もちゃんとさせて花だって挿している。そこにどしゃぶりの雨が音を立てて降り注ぐんだから、「やだーッ! 雷ィッ!!」にはならなくとも、「やだーッ、浴衣がぐしょぐしょ! メイクが落ちちゃう! 髪の毛グチャグチャ!」という悲鳴が上がったっていいはずなのに、とてもそんなことを言っているようには見えない。なにしろ、口を開けて大きく笑っているんだから、まともな人語がその口から発せられるはずもない。それを見て私は愕然としてしまった——「こいつらには〝危機意識〟というものがないのか?!」と。

その以前から、私は世の中には「なんにでも平気で笑う」という種類のバカな女達がいくらでもいることを知っている。街頭インタビューでマイクを向けられ、「——って知ってますか?」と問われると、とんでもない答を口にして、違うとなると大喜びで声を出して笑っている若い女はいくらでもいる。ネジを巻いて離すと、シンバルを叩いて躍り出す猿のオモチャのように、「ウケルゥ！」のノリで両手を大きく叩き、笑い続ける女はいくらでもいる。女も中高年の域になるとさすがに猿のようにシンバルは叩かないが、笑うだけは平気で笑う。「違いますよ」と間違いを指摘される前から笑って、いい加減なことを言って「ウケルゥ‼」で更に笑う女も多い。つまんないことを言ったり仕出来《しでか》したりして、勝手に「うけた！」と思い込んでいる、芸のない若手芸人のようだが、芸人とは違って「あんた」の前には客がいない。

「若い頃の自分も似たようなもんだった」と思いはするが、さすがに「昔の若い子」だったから、「知らないのは恥」と思うだけの常識回路があって、間違っても大笑いはなかった。「あ、そうなの？」と聞き返すだけだ（これは今でも）。

シンバルを叩く猿のようになった女達を見て、「もう恥という概念はなくなったんだな」と思う。バカでもゲラゲラ笑ってるというのは、女だけではなく若い男も同じだから、「そうか、もう皆さん〝生きるために必要な知識〟というものは十分にお備えになっておいでで、無手勝流《むてかつ》の無知のまんま生きてらっしゃるんだな。〝無知を恥じる〟なんていう発想はないんだな」とは思っていた。

無知が恥ではなかったら、本を読んで余分な知識を仕入れるなんてこともないでしょう。それで私は、「将来日本人は三行以上の文章が読めなくなる」と勝手に思っておりますがね。

まァ、無知で恥知らずでも、生きては行けますすね。他人に不快な思いを与えるかもしれないけど。それだって、「キャーッハッハッ！　知らなかった！」と笑ってしまえば、どうということもありませんしね。「将来、誰からも相手にされなくなっても知らないよ」って言ったって、その将来に「常識」というものを持ち合わせている人間がどれくらいいるのかは分からないので、「誰からも相手にされない」なんてことはないかもしれないし、そういうことには元々平気な人達なのかもしれない。

で、それはそれでいいけど、危機意識までなくしちゃっていいの？　危機意識というのは、やって来るかもしれない危機の衝撃を和らげる緩衝装置の役割を持っているから、これをなくすと危機の衝撃が体の芯にまで響いて、とんでもないダメージを受けることにもなるんですけどね。

二〇一七年一〇月

祭の継承

九月になって（東京の）アチコチで秋の祭が行われていた。夏ではなくて秋の祭なのだから「収穫の秋」と関係があるのだろうが、東京の都市部は、ずっと以前から「収穫」なんか関係がない。東京の住宅街で生まれ育った私は、小学生の頃まで「夏の暑さが終わったからお祭になるんだろう」などと、漠然と思っていたけれども、稲の刈り入れをする農家が家の近くにまだあって、でもその農家が祭の中心にいるわけでもないから、祭と「秋の収穫」があまり一つにはならなかった。

御輿《みこし》や山車《だし》を置いておく町内の神酒所《みきしょ》の仮祭壇には、ブドウや梨の秋の果物が供え物として上げられていたから、そこに「秋」があったのは間違いないが、「お祭というのはなんのためにあるのだろうか？」というのは謎だった。でもそんなことを考えたこともなく、「お祭が来る」と思うだけでドキドキした。家から少し離れたところにある神社が、普段は静かな森のようなところなのに、年に一度だけ露店が一杯に並んで、不夜城のようになる。そのことに一番興奮していたのだから、娯楽の少ない時代ではあったことよと思う。

中学生になったら、そのドキドキがなくなった。中学校は、その神社の森とは目と鼻の先にあって、年に一度非日常空間となるものを日常的に眺めていると、興奮のしようもなくなるらしい。青春ドラマにありそうな「みんなでお祭行こうよ」という声がクラスの中で上がることもなかった。時期も悪かったのかもしれない。私が中学生になったのは一九六〇年のことで、もうテレビは十分に普及していた。スイッチを入れれば、テレビの向こうには「非日常的な祝祭」のようなものが、当たり前にある。更に、電車に乗れば十分か二十分で「盛り場」というところへ行けてしまう地の利だから、ワクワクしたい中学生はそっちの方でワクワクしてしまう。

私の勝手な判断によれば、東京にいくつもあった「名があるんだかないんだか分からない程度の住宅地の祭礼」は、町に賑やかさが宿ってしまった一九六〇年代になって寂れ始めてしまう。この間、町を歩いていたら御輿の列と出会《でくわ》して、うっかりそんなことを思い出した。

いつの間にか、祭は寂しくなっていた。私鉄の駅前の人出の多いところなのに――近隣住民はいくらでもいるはずなのに、誰も祭の御輿に関心を持たない。担ぎ手の方も、ようやく定員を満たした程度の数で、昔の御輿なら担ぎ手の脚に隠れてろくに地面は見えなかったものだが、現代のそれは地面が丸見えのようなスカスカさで、賑やかな町の無関心の中を進む御輿を見ている内に、「この担いでいる人達は、本当にこの町の住人なんだろうか?」という気がしてしまった。

御輿を担ぎたくていくつもの祭を渡り歩くマニアのような人達がいて、一方では町内の御輿の担ぎ手不足が嘆かれて、希望者がいれば外部の人間にも御輿を担がせるところはいくらでもある。地域とは無縁のような様子で進む御輿を見ていて、そんな気になった。町内の祭にならどこにでもあったはずの子供御輿の姿がそこになかったこともあって、「これはセミプロの御輿かな」という気になった。

御輿の進む先に、法被《はっぴ》姿の老人がいた。明らかに「町に住む町内の世話役」で、昔はそんな老人が御輿の周りに何人もいたのが、今や一人しかいなかった。私はそこで「オヤジ社会の終焉」を思った。

今となっては、神酒所のなんたるかを知らない人が多いだろうが、町内に設けられる御輿や山車を出すための前線基地で、祭壇の前では「世話役」であるような町内のオヤジ──というかジーさん達が集まって酒を飲んでいる。「来るな」と言っているわけではないが、限られたメンバーしかいない。女の姿は、差し入れの食い物を持って来るバーさんだけで、「ある種のジーさん専用の酒飲み場」になっているから、それ以外の人間はあまり近寄らない。私の家のガレージが一時町内の神酒所になっていたから、そのことはよく知っている。志願者が減った御輿の担ぎ手の中には女もまじっていたが、神酒所で酒を飲んでいる女は、きっとまだいないだろう。「日本社会のあり方ってこれか——」と、突然思った。

神酒所に来るジーさんの中では、世代交替が起こっている。どういう段取りでかは知らないが、ジーさん達のグループ内に入れ替えは起こって、しかし町の変化と共にジーさん達は孤立して行く。ジーさん達のグループは外に向かって開かれていないから、「みんなで祭やろうぜ」のアピールが起こらない。そんなアピールの仕方を知らないから、必然的に孤立して、排他的なグループになってしまう。

自民党員であるはずの都知事・小池百合子と自民党都議団の間に対立があるというのは、「女は上げない」という慣例のある神酒所の中に女が上がり込んでしまった結果の「世話人ジーさんの不満」なのかもしれない。

二〇一六年一一月

アクセルを左にしたらどうだろう

最近、交通事故がひどい。特に、年寄りのそれが。

八十を何歳も過ぎた認知症の男が、軽トラックに乗って勝手にゴミを集めながら車ごと徘徊して、通学する小学生の列に車を突っ込んだ。まだ幼い小学生が死んだというニュースを聞いて、「お前が死ね！」と、人を殺した自覚もないまま平気で生きている老人に対して思った。

少し前には、やはり認知症の老人が宮崎県の方でメチャクチャなスピードを出して駅前の歩道に突進して何人かを殺したり重傷を負わせた事件があった。こっちも、認知症の男は死にもせず無事だった。

車が急に猛発進して車道をはみ出したら、その瞬間から凶器になる。フランスのニースやドイツのベルリンで、大型車輛が歩道や人の集まる広場に突っ込むテロがあった。大型車輛じゃなくても、普通の乗用車がブレーキを踏むところを、間違ってアクセルを踏めば急発進して、ハンドルがドライバーの手を撥ねつけて兵器になる。運転している人間は車体に守られて無事で、ただ歩いている人間が殺される。乗用車ではなくとも、電動車椅子でも恐ろしいことになる。

以前、電車の駅の入口近くで、電動車椅子がウロウロしていた。乗っている老婦人がふっと操作方法を間違えたらしい。乗っている老婦人は「あれ、あれ、あれ」と言い続け、その間車椅子はグルグル回っている。周りは人が多い。その人達が渦を作って、近づく車椅子から身をかわそうとしている。

時速十キロに足らなくても、電動車椅子は電動であるがゆえに大きく重い。「こんなもんに押し潰されて骨でも折ったらたまらない」と思って逃げたけれども、年寄りの「あれー」は、時として恐ろしい。間違えてアクセルを踏んで、「あれー」と言った時にはもう人が死んでいる。老人がブレーキとアクセルを踏み間違えたことで起こる事故は、どれだけ続くのだろうか。認知症ではなくとも、「あれー」の一言で人が死ぬ。

「年寄りに車を運転させるな」とは言えないのだろう。車がなければ移動に困る地域もある。「認知症のチェックをもっと厳格かつこまめにして、引っかかった人間は免許停止にしろ」とは言うけれど、必ずしも認知症の人間だけがアクセルの踏み間違いをするわけではない。年を取ると脳の判断領域は狭くなる。それを補う身体の瞬発力は落ちて、その行為がふさわしいかどうかの判断抜きで、習慣化したことを平気で、あるいはうっかり、やってしまう。

どこかのメーカーが、ブレーキとアクセルを一つのペダルの中に同居させて、片側を踏めばブレーキ、反対側に力をかければアクセルになるという部品の開発をしたと言っていたが、これに実効性があるかどうかは疑問に思う。長い間同じことをやり続けて習慣化してしまった人に、その習慣をやめさせて別のやり方を教えても、簡単には呑み込めない。もしかしたら、「新しいやり方を呑み込む」という苦行に疲れてやめてしまうかもしれない。生半可に「分かった」と思って車に乗って、いざという時「あれ、どっちだっけ?」と思ってしまえば、その時にはまた人が死ぬ。

それで思うのだけれども、車のブレーキとアクセルの位置を左右で入れ換えたらどうだろう?　車を運転している時、ブレーキを踏む回数よりも、どうやらアクセルを踏む回数の方が多い。だから、操作しやすいように、アクセルペダルは右足の下にある。だからなんかの折り、ブレーキを踏もうとしても、踏み慣れているアクセルペダルを踏んでしまう。それが「踏み間違えの事故」なんだから、今あるブレーキとアクセルの位置を逆にしてしまえばいい。

そうすれば、「あれー」と思った時に人は死なない。「あれー」と思った時、車は動かなくなっている。「あれ、あれ、あれー」と思って同じペダルを何度も踏んで、気がつく人間は自分がブレーキを踏んでいることに気がつくだろう。道路の真ん中に不思議な停まり方をしている車を見て、そこで衝突事故が起こるにしろ、車同士だからそう簡単には死なないだろう。坂の途中でブレーキを踏んで止まっている車に、後続車のクラクションがやかましく、「お前の車は操作を間違っている」と教えてくれることにもなるだろう。やたらとあちこちの道路上で一時停止をする車が増えて、道路渋滞は増えるだろうが、人があっさり殺されるよりましだ。

この間、タクシーに乗っていて、車が前に進まないのにイライラしていた。「渋滞かな?」と思って前を覗き込んだが、そうでもない。前にノロノロ走る軽自動車がいたせいだった。「なにしてやがんだ!」と思ってその車を呪ったが、停まった車から降りた運転手はヨボヨボのジーさんだった。「年寄りだからしょうがないな」と思って、イライラは消えた。もうそういうスローダウンの時代なんだ。

二〇一七年二月

人間は機械じゃない、機械は人間じゃない

北海道の札幌市で、十二歳の中学生の少年が、「人を殺してみたい、人が死ぬところを想像して」というような理由で、通りすがりの女性を後ろから刺して重傷を負わせるという事件があった。折柄、ニュースは相撲界のなんだかよく分からない殴打事件に独占されて、来る日も来る日も相撲取りの顔ばかり映していたが、それがなければもっと衝撃的な事件として取り扱われただろう。なにしろ加害者は十二歳の男の子だ。これが「人を殺してみたい」になるのは、ただ事ではない。

刺されたのは「若い女性」だから、ここに性的ファクターが存在しているのは間違いないと思うけれど、「後ろから」というところがまたよく分からない。性的関心があるんだったら、顔が見えるように「前から」だろうし、「人を殺してみたい」だったら、「死ぬ時の表情」というものが気になるのではないかと思うが、どうもそうではない（詳しいところはよく分からないが）。もしかしたら本当に「人が死ぬところを想像して」で、だからこ

そ「顔や表情はどうでもよくて、後ろから」ということになるのかもしれないが、私はこの「殺したけれど、殺した相手に対する関心が妙に希薄」というところに引っかかる。

男女を問わず、若い人間が「人を殺してみたかった」という理由だけで凶行に及んでしまうという例は、ままある。「昔から」ではなくて、「最近になって」だと思うが、そういうことをしてしまう人間の多くが未成年だから、あまり詳しいことが伝えられないまま忘れられてしまうことが多いように思う。

私は、この若い人間による「人を殺してみたい」を、人間関係の希薄さによるものかと思う。他人との濃厚あるいは密接な関係の持ち方が分からないから、「殺す」という極端な関わり方に走ってしまう。「生きている他人」というものがリアルに実感出来ないから、「本当に生きているのかどうか、〝殺す〟で試してみよう」になるのではないかと思う。

一番手っ取り早い「他人との関係」は性交渉を持つことだが、そういう選択肢の存在が見えないか、あるいは性交渉の段階で自分もまた無防備になってしまうことを警戒する人間は、その代わりに「殺す」に走るのだろう。そのことによって、他人の上に決定的な優位性を得られるし、殺すことによって「他人を支配し所有した」という感覚も持てる。だから、孤独のまま若い人間を放置しておくと、人間との関係の持ちようがないままになって、恐ろしいことになるように思う。

子供達が人間関係を持てなくなって、人間との関係そのものが分からなくなったら、とんでもないことになると思うのだが、発展したい「経済」の方はそう考えないらしい。「AIを導入すれば、煩わしい人間関係を省略した便利な生活が手に入る（だから我が社の経済活動に利用者として参加して下さい）」と言っているような気がする。「一つの便利を手に入れれば、その分人間はなんらかの能力を失う」と私は思っているから、「これは便利」というアピールに対して懐疑的だ。

「呼べば応えてなんでもやってくれるAI」に慣れてしまえば――そういう育ち方をすれば、「言ってもなにもしてくれない！」という不満を他人に対して持つ人間も出て来るだろう。そのテのわがまま人間は、AI以前にもういくらでもいるが、AIが普及するとその内に、「あのね、人間は機械じゃないからね、ただ命令しても言うことなんか聞いてくれないの」という教育をしなけりゃならなくなるのかもしれない。

「あれ？　これどう動くんだろう？」と思って、オモチャや機械を分解してしまう子供は普通にいるが、「人を殺してみたい」というのも、もしかしたらその流れの中にあるのではないか？　そう考えると、「他人に対する関心の妙な希薄さ」というのも分かるような気がする。

神奈川県の座間市で起こった、一人の男が九人の人間を二カ月ほどの間に殺害して、死体をバラバラにして処理してしまった事件の持つ不可解さも、もしかしたらそういう種類のものなのかもしれない。

なにが不可解かと言えば、それをした容疑者の男が、「なぜそれをしたか」の動機だけは語らずにいることで、動機抜きにその事件のあり方を見ると、不気味な「勤勉さ」が透けて見える。

二カ月ほどの間に九人を殺害した男は、供述によれば、一週間の間に三人殺害し遺体を処理して一週間休み、また一週間に三人くらい殺してその遺体を処理している。「初めは処理に三日かかったけど、慣れたら一日」とも言っているそうだ。

うっかりすると、彼が最も情熱を傾けるのは、「てきぱきと遺体を処理する」というその行為のようで、それと「簡単に分解出来たよ」と言う子供とはどこが違うんだ？

二〇一八年一月

電波で荷物は運べない

少し前、「配達先の不在に怒った宅配便の運転手が、届ける荷物を蹴飛ばしている」というニュース映像が流れた時、「よく分かる、俺だってそうなったら、怒って荷物を蹴飛ばしている」と、運転免許を持っていなくて宅配便のトラック運転手になんかなれるはずのない私は、思った。

自分で勝手に「届けろ」と注文をしておいて、届いた時には留守にしていて、当然のように再配達が要求されて、それが一度ならず二度三度と繰り返される。同じ人間のところへ同じ荷物を持って何度も行って、そのたんびに不在だったら、「この野郎、ぶっ殺してやろうか……」になっても不思議はない。私だったらぶち切れちゃう。だから私は、自分から宅配便を頼むということをしない。

時々、留守の間に不在伝票がドアの隙間に突っ込まれている時があって、別にこっちが頼んだわけでもないけれど、持って来たドライバーに対して「悪い」と思う。

時々、ゲラが宅配便で出版社から送られて来て、「この伝票を使って送り返して下さい」ということで宅配便の伝票が入っていたりもする。きっと大口契約しているから宅配便の伝票も入っているのだろうが、私は「どうして郵便じゃいけないんだろうか？」と思ってしまう。「俺の原稿なんか、ポストに放り込んどけばいいじゃないか。盗まれるほどの価値なんてないんだからさ」と思う。

ポストならそこにある。でも、宅配便を取り扱ってるコンビニだと、どこにあるか分からない。「この会社のものはウチでは取り扱ってません」とか、「ウチは宅配も宅急も扱ってないんです」になると、送るものを持ったまま道をさまよい歩かなければならない。会社によっては、「電話すれば運転手が取りに来てくれる」らしいが、ウチの助手は「もう運転手が気の毒だから、電話しないで、取り扱いセンターまで持って行く」と言っている。いつの間に「荷物を送る」ということがこんなに面倒になってしまったのだろうか？ 郵便局だって、「ゆうパック」というわけの分からない（多分）お得なシステムを始めて、でも、それが従来のものとどう違うのか分からない。きっとこれは「時代に適応出来ない年寄りの愚痴」だ。

「このままだと、開いている商店はコンビニだけになって、シャッターの下りている通りに宅配便のトラックが走るだけの日本の未来になる」と言ったのは、多分もう十年くらい前だけど、その通りになってしまった。

車一台が通れる程度の住宅街の道に、宅配便のトラックが当たり前のように入って来る。昼間よりも夜に多く。私は足の具合がそんなによくないので、宅配便のトラックがやって来たり、道に停まっていたりするのがあまりにも当たり前化してしまうと、イライラする。少し前までは、「こんなとこまで入って来るなよ！」とトラックの運転手にイライラしていたが、「不在の再配達に怒った運転手が――」以来は、八つ当たりの方向が違う。「どこのバカがネット通販なんていうチャカチャカしたもんやってんだ！」と思う。

それをやるやつは、勝手にクリックして、それだけで荷物が届くと思っているんだろう。クリックの先で、実際の人間がどれくらい動いているかなんて、考えていないんだ。「お前の下らない買物のために、人が動いてんだぞ。自分で買いに行かないで届けさせるんだったら、せめてその分じっとして待ってろ」くらいのことは言いたい。

以前にこのページで、「〝情報〟というものをハッキングという手段で盗み出すのは、泥棒として最低だ」と書いた（第五章「紙に戻せばいいのに」参照）。泥棒には、「盗んだものをどうやってスマートに持ち出すか」という美学が必要で、「情報」というデータになると、その最低限のルールが分からなくなる。「物を持ち出す」ということが大変であるということを周知させるために、データは紙に戻せと言ったが、ネット通販の最大の誤解は、「電波が荷物を運んで来る」と思い込まれていることだ。

電波は物なんか運べないの。あんたが、「ここのどら焼きおいしそうだから」という理由で遠隔地の店に「お取り寄せ」をすると、それを運ぶために、人間が実際に動くの。あんたが外でボーッとしてれば、物を運ぶ人間は何度も何度も動くの。「この服いらないから誰かに売っちゃお」っていうんで「フリマ」なるアプリを使えば、そこでまた実際に人が動くの。どれだけの数の人間が、「便利」という名の無駄な行為のためにに動かされるんだろうか？ 「お前のどら焼き」や「蟹の脚」を運ぶために、どれだけ有為の人間が宅配ドライバーとして働かされなきゃいけないのだろうか？ 「人が足りなきゃドローンで運ぶ未来もある」なんて寝ぼけたことを言っているが、「空を見上げるとドローンの大群が――」という恐ろしい未来なんか見たくない。それよりも自制しろよ。

二〇一七年五月

第二章

いったい日本はどこへいく

戦後七十周年

今年は「戦後七十周年」だが、「戦後七十周年だから」という理由で発言を求められると、私はとても不愉快になる。別に「七十周年」でなくとも、「六十周年」でも「五十周年」でもおんなじで、いつくらいから不愉快になったのかを考えると、バブル経済の始まりである一九八五年の戦後四十周年くらいが境目かなと思う。

「戦後二十周年」は、東京オリンピックの翌年の一九六五年だから、「日本が立派に復興しました記念の年」なんだろうなくらいに思っていて、戦後三十周年の時には「まだやるの?」と思った。その後のバブルの時期に「戦後四十周年」が(多分)言われた時には、「それは日本人の良心なのかな?」とは思ったけれど、戦後五十周年から後は、なんだか腹が立って来た。

それは法事の「年忌」のようなものなのか? とは思ったが、なにか違う。よその国で「戦後なんとか周年」をやるのは、「終わった戦争で出た死者を悼むため」とか、「独立によって自由を獲得した喜びの記念」とかではあるのだろうけれども、日本の場合はどうも違う。いつの間にか、日本の「戦後何十周年記念」というのは、「我々は戦後という時代を確立したんだろうか？」を自問することに近くなっているような気がする。そういう問いが「戦後五十周年」から後には、明らかにあるような気がする。なにしろ戦後五十周年の一九九五年はバブル経済のはじけた後で、戦後六十周年は長い不景気継続中の二〇〇五年だ。戦後七十周年になると、あきれるほど愚かな総理大臣が恥知らずなことを叫んでいる。

なるほど、我々は「戦後」という時代を確立出来ていないのかもしれない、とは思う。そうでなければ、たとえ愚かな総理大臣が出現しても、あれほど恥知らずな論理矛盾は冒さないだろう。あの愚かな総理大臣が「取り戻す」と言っている日本は、「バブルがはじける前の好景気の日本」ではなくて、大日本帝国憲法があった時代の日本＝大日本帝国なんだろう。

三年前の四月に決定された自由民主党の日本国憲法改正草案では、第一条の《天皇は、日本国の象徴であり》が、《天皇は、日本国の元首であり》に変更されている。その国に王様がいれば、王様はその国の元首として扱われるというのが、国際的な常識だから、日本の天皇は「元首のようなもの」として扱われるが、今の日本国憲法は、天皇を《象徴》とだけして《元首》として扱っていない。この改正案が持ち出されると、「元首と象徴はどう違うのか？」という不毛で煩雑な議論が繰り返されるのだろうが、はっきりしているのは、現行憲法が天皇を《元首》としていないことで、これを《元首》と明確に規定するのなら、それをする方になんらかの意図があるということですね。もちろん、その意図が明確にされることは（例によって）ないだろうけれど。

「戦後という時代は確立されていないのかもしれないな」という疑問が影のように存在するのは、おそらく日本国憲法ではなく、憲法というもの自体がどういうものかが、国民の間で十分に認識されていないからだろうと思います。

民主主義国家の憲法は、国民というものの側に立って、うっかりすれば国民の権利を規制しかねない国家権力を縛るものです。それが民主主義国家に於ける憲法の第一原則であるはずなのに、日本人の多くは「国家権力を縛る」という発想を持ちません。「国家権力を縛るのが憲法なんだよ」と言うと、「え?! そうなの？」と言う人が当たり前にいます。学校ではその大原則が教えられませんから、ほとんどの日本人は知らないままです。歴史的にも、日本にはそんな前例がありません。例外的に、徳川幕府は「禁中《きんちゅう》並《ならびに》公家《くげ》諸法《しょはっ》度《と》」を制定して、自分達を縛る国家権力になりかねないものを規制しようとしましたが、それは相手の天皇や朝廷が国家権力の実質を持たなくなっていたから出来たことで、日本には「法で国家権力が縛れる」という発想自体がまずありません。

立憲君主制というのは「憲法によって君主の力に制限」を加えるというものであるはずですが、「立憲君主制」のように思われる大日本帝国憲法は、《天皇ハ神聖ニシテ侵スヘカラス》という条文を第三条に持っているので、当然のことながら「天皇の力に制限を加える」という発想を持ちません。そういう憲法の後に日本国憲法がやって来たものだから、日本人の大半が、「憲法は国家権力を縛る」という発想を欠落させて、「違憲」ということの由々しさにピンと来ないのです。

「戦後という時代は確立されているのか、いないのか」という不安感は、この「憲法そのものに関する認識の欠落」によるものではないのかと、私は思います。だって、自民党の憲法改正草案は、今ある憲法の基本的人権に関する条文を削除し、最後に「全ての国民はこの憲法に従え」というようなことを言っているのですから。

二〇一五年九月

人を介する事実《ファクト》

私の机の後ろの本棚には、阪神・淡路大震災関係の本が十冊くらい並んでいる。大震災の翌年くらいにサイン会で神戸へ行って、神戸ローカルであるような当事者の声を集めた本が書店に並んでいるのを見て、「東京じゃ買えないかもしれない」と思って買って来た。それ以来、目につくと時々開いて見ている。別に震災の起こった時期に限ったことではなくて、いつも――。そうしないと忘れてしまう。

阪神・淡路大震災の起こった十六年後、東日本大震災が起こって、その衝撃の大きさで阪神・淡路の方はうっかりすると記憶からはみ出してしまう。人間の脳だから「記憶が薄れる」はあって当たり前だけれど、やはり「忘れてもいいもんかな?」という気があるので、時々棚から出して見ている。

この間も「今月が阪神・淡路の月だ」という意識もなく、震災から復興しようとする市民の声を集めた本を拾い読みしていて、あることに気がついた。そこに載せられている白黒の挿入写真が、戦後日本の廃墟から立ち上がろうとする日本人達の姿にとてもよく似ていたのだ。

阪神・淡路大震災は終戦から五十年目の年に起こって、その時の被災者の顔はテレビのニュース映像などでよく見て記憶に残ってはいるけれど、五十年も前の終戦時の日本人の顔と一つにはならなかった。ただ、水道が停まってしまった町の人々が川に下りて洗濯をしていた光景が、終戦当時か、あるいはその前の米軍による空襲後の光景を思い出させた――といっても私は戦後の生まれだから「思い出しうる当時の記憶」という持ち合わせはない。

しかし、二〇一八年になって改めて見た写真で思ったのは、「変わらぬ光景」ではない。日本人の「変わらぬ表情」だ。全員が一斉に大きすぎる困難に叩き落とされた時の「それでも頑張ろう」とする日本人の表情は、五十年たっても変わらない。カメラを引けば「大悲劇」はいくらでも広がっている。でも、そこにいる当事者達は、悲しむでもない、怒るでもない。ただ淡々と「なすべきこと」をしている。「なぜ変わらないんだ?」と思いたいくらいに、日本人のその表情は変わらない。もしかしたらそれは、日本人の前向きなメンタリティとか達観というものとは、少し違うものかもしれない。

米軍の大空襲で東京が焼け野原になる二十二年前――一九二三年の関東大震災で東京は壊滅状態になっている。太平洋戦争の東京大空襲と関東大震災は、普通一つの括《くく》りで考えられない。原因が違うからかもしれないが、東京が一面の焼け野原になって多数の死者が出たことは変わらない。両者の間の時間的隔りも、二十二年しかない。関東大震災は大正の出来事で、東京大空襲は昭和の出来事だという一線を普通は引いてしまうけれど、その間隔は二十二年。三十歳で関東大震災に出会った人間が、五十二歳になって同じ東京で再び「一面の焼け野原」を経験するということは、かなり当たり前にあったはずだ。原因は違っても「あーあ‼」という結果は同じことだ。一方、阪神・淡路大震災から東日本大震災まで、たった十六年しかない。その間にも、その後にも、各地で大災害は起きて、人は命や家財を失っている。日本はそういう国なのだ。最近になって天災が多発しているわけではない。

私が関東大震災のことをリアルに感じたのは、小学校低学年のことだった。今では「防災の日」と言っている関東大震災の起こった九月一日を、その頃は「震災記念日」と言っていた。その以前から私は「震災記念日」という言葉を聞き知っていたが、自分の生まれるずっと前のことなんか関係がないと思っていた。正直言えば煩わしかった。関東大震災の前に終戦というめんどくさいものもあったし。私はそういうことを気にするへんな子供でもあった。

ところが小学校低学年のある震災記念日に、母親が突然「関東大震災は本当におそろしかった」と話し始めた。私相手にではなく、自分の妹である叔母に対してだったかもしれない。私の記憶によれば、「激しい揺れが来て、棚から物が落ちて、魚を焼いている七輪コンロが倒れて一面の火事になった」というような話だったと思う。「隅田川に大量の焼死体が浮いていた」という話もあったと思う。私の母は私と同じ東京生まれの東京育ちだから、彼女が語る関東大震災の話はリアルに響いた。それで、学校の帰りに「今大地震が起きて地面が割れたらどうしよう?」などということを考えたが、よく考えたらそれは、母が直接に見聞きした事実ではなかった。関東大震災が起こった時、私の母親もまだ生まれてはいなかったのだから。

「知らないけど知っている事実」というものはある。直接に人を介して知ったことは、リアルに「事実」となる。同じ子供の頃、「親戚の某婆《ば》ァさんは安政の大地震を知っている」という話を聞いて、その昔を垣間見たような気になった。

二〇一八年三月

十九年という時間

二〇一四年は阪神・淡路大震災が起こって、十九年目の年です。「十九年」と言われて、私は一九六四年に開催された東京オリンピックのことを思い出しました。あれも、太平洋戦争が終わって十九年目のことでした。当時私は十六歳で、「どうして戦後二十年目じゃないんだろう？　なんだって戦後十九年という理由だけで大騒ぎするんだろう？」と考えていました。オリンピック開催は四年に一度の偶数年で、太平洋戦争が終わったのが一九四五年の奇数の年だから「戦後十九年目」ということになるだけで、それ以上の深い理由はないはずですが、まだ「十九」という年数を経験する前の私は、オリンピック開催の大騒ぎで「戦後十九年」と言われるのを聞いて、「十九年という時間にはなにか意味があるんだろうか？」と思ったのです。

その三年後、一年浪人して大学へ入った十九歳の私は、索漠とした思いで「ここは自分の来る所じゃなかったな」と大学を思い、「でも入っちゃった以上しょうがない。今までのことはみんな忘れて、ここに慣れるしかないな」と思っていました。「索漠とした思い」というのは、個人的な話で今更それを説明する気もないのですが、つまるところ、「つまんないまま十代が終わっちゃった」です。十九歳になって、もう二十代の大人になるしかない私にとって、「十九年」という時間は、「もう忘れてもいいだろう」という時間の一単位のようでした。そう思って、三年前を振り返りました。

戦後十九年目の日本へやって来たオリンピックは、「焼け跡からの復興の象徴」として捉えられていましたが、十六歳の私は「たかがオリンピックでそういうことになるの？」と思っていました。私の生まれる三年前に太平洋戦争は終わっていて、それでも子供の私は少し前に戦争があったことを知っていて、大きなビルが空襲の被害を受けたまま半壊状態で残っているのを、遠足でバスに乗るたびに見て、「かつて戦争があった痕跡」というものを、日常生活の中に感じ取ってこわがっていたりしました。だから「戦争を経験した大人が、そんなに簡単に忘れられるものなのかな？」と、東京オリンピックの年に思ったりもしたのです。

人間には「忘れるきっかけ」というのも必要なのかもしれません。でも「忘れられないこと」だってあります。「忘れられないこと」は人の心の中で眠っていて、時々目を覚ます。厄介なことに、人間は「忘れたいけど忘れられないこと」を胸に抱えて生きて行くものらしいです。忘れずにずっと胸の中に抱えていたから、ある時なにかのきっかけでそれが表に出てしまう。東日本大震災の後で、妙に自身の戦争体験を語り出す老人達が出て来たのも、東日本大震災が「戦争の被害」を思い出させるようなものだったからでしょう。現実の変化と胸の中の思いは、また別のものです。

二〇三〇年――東日本大震災から十九年たって、岩手、宮城、福島三県の人達は、東日本大震災を忘れるでしょうか？　その時に被災地は「復興」を遂げているのでしょうか？福島第一原発の廃炉作業がその時点でまだ終わっていないことだけは確実です。

二〇一四年の今年、私は用事があって神戸の方へ行きました。そしてまた当時の話を聞きました。かつて神戸で聞いたのは、「こんなに大変だった」という苦労の話でした。今、復興というものが終わった神戸で聞いたのは、「その当時は大変さにかまけて言えなかったけど」という話でした。「道に死体がずらっと並べられていて、その当時はなんにも出来ないから手を合わせて通り過ぎるだけだったけれど――」というような。

十九年たって、当事者達はなんにも忘れてはいません。心に刻まれてしまったものは、刻まれたままで仕方がないのです。神戸は震災の被害からすっかり「復興」して、そこの人達は街の様子を「すっかり変わった」と言います。「すっかり変わった」そのことが、いいのか悪いのかは分かりません。「すっかり変わってしまった」そのことに対して、今更どうのこうのは言えません。

戦後十九年目で、日本人が戦争のことを忘れていたとは思いません。たまたま、そこから「新しい時代」が始まって、そのことに忙しいから忘れてしまっただけで、あの時だけが特例だったと思います。にもかかわらず、へんな前例を作ってしまったので、「その内に忘れるから大丈夫」というへんな前向きさだけが残って、それが当たり前のようになってしまった。「その傷痕を塗りつぶして隠すような発展」はもう起こらないんだと考えなければ、人の心の中に残った傷は癒されずに、膿んで痛み続けるだけでしょうね。

二〇一四年七月

人が死ぬこと

西城秀樹が死んだ。六十三歳だった――というニュースを聞いたら、朝丘雪路が死んだ、星由里子が死んだというニュースも続いて、テレビの『徹子の部屋』は追悼番組が立て続けになった。なんでこんなに人が死ぬんだろうと思ったら、平成三十年の五月は、平成が終わる「最後の一年」に突入した時期だった。今上天皇の退位はあらかじめ決まっていて、なんとなく平成は自動的に終わるもんだと思っていたけれど、人が立て続けに死んで行くニュースに接して、改めて「あ、一つの時代が終わるんだ」と思った。

七年前、東日本大震災が起こった二〇一一年にも人が死んだ。有名人が立て続けに死んだというのではなくて、年老いた親の世代が死んで行った。私の父親が死んだ。友人の父親、あるいは母親が死んだ。やたらと葬式の通知、年賀状辞退の通知が届いた。「なんか、今年葬式多くない?」と友達に言ったら、「多いよね」という答が返って来た。

意外と人は「時代の終わり」というものに敏感なのかもしれない。大地震と大津波と原発事故があって、何万人もの人間がほぼ一瞬にして命を奪われた。そこから再スタートするための、「第二の戦後」だと言う人もいた。それが「戦後」なら、多くの人の死がその下にはある。どんな理由を付けても、東日本大震災が「一つの時代の終わりを示すものである」ということには(多分)ならないだろう。でも、その年に地震や津波の直接的な被害に遭わずに、「寿命」という形で死んで行った人達は、何万人もの人の死、大地の浸蝕と汚染に「時代の終わり」を感じ取って、「終わった」と思って死んで行ったんじゃないのかと、思う。

多分、人はどこかで自分が生きている時代と一体化している。だから、昭和の終わり頃に、実に多くの著名人が死んで行ったことを思い出す。

昭和天皇崩御の一九八九年、矢継ぎ早とでも言いたいような具合に、大物の著名人が死んで行った。一部だが、天皇崩御の一月後に手塚治虫が死に、翌月には東急の五島昇、翌月には色川武大、松下幸之助、五月には春日一幸、阿部昭、六月になって美空ひばり、二世尾上松緑、七月は辰巳柳太郎、森敦、八月に矢内原伊作、古関裕而、九月は谷川徹三、一一月おいて十一月が松田優作、十二月が開高健。今となっては「誰、この人?」と言われそうな人も多いが、死んだ時は「え?! あの人も死んだの?」と言われるような大物達だった。

昭和天皇の享年は八十七で、当時としては（そして今でも多分）高齢だった。しかしだからと言って、昭和という時代の終わりと共に世を去った人達がすべて高齢だったというわけではない。手塚治虫は六十歳、美空ひばりは五十二歳で死に、松田優作は四十歳だった。当時は「早過ぎる死」のように思われた。しかし、今になって引いて見れば、この人達は自分の仕事をやり遂げて死んだのだ。

やり遂げて、その年齢で死んだ。時代を担い、五十代六十代で死んで行った昭和の人達を思うと、その死がなんだか潔く思える。私はもう七十になった。七十過ぎてまで現役作家をやっている人は、昭和の頃にそうそういなかった。それ以前に、ある程度の地位を確保して、そのまま「えらい隠居」みたいな感じで生きていた。私なんか、もう才能が涸れて「どうしたらいいのか分からない」状態になっていても不思議はないのに、どういうわけか、頭は若い。「いつまで若いんだろう？」と思うと、少しいやになる。

二度の脳梗塞を患い、苦しいリハビリに励んで、でも六十三歳の西城秀樹は「ヤングマン」だった。無理して若振っているのではなく、六十三歳でも「ヤングマン」のままでいた。平成がスタートした時、西城秀樹は三十三歳だった。それから三十年たっても、彼はさして変わらない。彼だけではない。彼と共に「新御三家」と言われた野口五郎と郷ひろみも、六十を過ぎて老いてはいない。

平成の三十年は不思議な時間だ。多くの人があまり年を取らない。たいしたことのない芸能人が、古くからいるという理由だけで「大御所」と呼ばれる。年を取らず、成熟もしない。昔の時間だけがただ続いている。平成の時代を輝かせた「平成のスター」である安室奈美恵や小室哲哉は、平成が終わる前に消えようとしている。平成は短命だが昭和は長い、というのではないだろう。昭和は、その後の「終わり」が見えなくてまださまよっている――としか思えない。

三十年という期間がどれくらいかと言えば、終戦の一九四五年からオイルショックで経済がマイナス成長を記録する一九七五年までが三十年。その前年に東京タワーが完成し、年が明ければ皇太子時代の現天皇の結婚式があり、豊かさへスタートする一九五九年からバブルの一九八九年までが三十年。三十年は「そういう期間」だ。

二〇一八年七月

終わった社会

　パソコン遠隔操作事件の容疑者として逮捕され、その公判中にへんな小細工をしたことがバレ、その結果「私が真犯人です」と白状した男が「私はサイコパスだ」と言い、「酒《さか》鬼《き》薔《ば》薇《ら》聖《せい》斗《と》と同い年の生まれだ」などとも言って、一九九七年の神戸で起きた中学三年生の男の子による少年惨殺事件を久し振りに思い出した。するとそのすぐ後で、九年前に栃木県の旧今市市で小学生の女の子が殺害された事件の容疑者が逮捕されて、それがまた同じ年の一九八二年生まれだったという。それで、「一九八二年生まれにはなにかがあるんでしょうか?」という週刊誌の取材を受けた。

　聞けば、何年か前に東京の秋葉原で起こった連続殺傷事件の犯人も「酒鬼薔薇世代」なんだそうな。こっちは、それを聞かされて「あ、そうなの」と思うばかりだが、一九八二年生まれの男達の中には、「自分と同世代である酒鬼薔薇聖斗」に敏感で、その彼が自分の中に潜む「暗いなにか」を刺激する負のヒーローのように思えてしまう人達も多いらしい。そんな話を聞いて、私は二〇〇〇年に起こった「少年達の犯罪」を思い出す。

その年に十七歳になる酒鬼薔薇聖斗と同年の少年の一人は、「人を殺してみたかった」という理由で近所の主婦を殺す。それが愛知県で、続いては佐賀県に住む少年がバスジャックで人を殺し、岡山県の少年は部活の後輩を金属バットで殴り、自分の母親を撲殺して逃亡する。たった二カ月の間にこの三件の事件がたて続けに起こって、そのために「酒鬼薔薇聖斗の影」も当時は囁かれたりはしたけれど、この年に多かった少年犯罪のすべてが「十七歳の少年」によるものではなかったし、この年に起こったいやな事件の犯人が「少年」だけだったわけでもない。

この年の一月には、新潟県の柏崎市で小学生の女の子を自宅で九年間監禁していた三十七歳の男が逮捕された。九年前なら、この男が事件を起こしたのは一九九〇年の終り頃で二十七か八歳だ。酒鬼薔薇聖斗は関係ない。それを言うなら、一九八九年に逮捕された幼女連続誘拐殺害の宮﨑勤の方だ。逮捕された時、宮﨑勤は二十六歳だった。「同世代」という因子はあるかもしれないが、厄介な事件を惹き起こす因子は、それよりも「時代の変わり目」なのではないだろうか。

昭和天皇崩御によって昭和が終わる一九八九年はやたらと騒がしかった。十四歳は、義務教育が終わるのを目の前にする年で、十七歳は高校卒業を目の前にする年。そして二〇〇〇年は二十世紀が終わる年だ。私は占星術師ではないので、一九八二年がどんな星回りの年だったかは知らない。しかし、この年に生まれた子供達は、進み行くバブル経済下の日本で小学生になり、小学校を卒業する頃にはもうそのバブルがはじけて、時代の不景気の波に洗われている。だからどうだというわけではないけれど、そんなことを考えて、私はあることを思い出した。

多分、昭和が終わった翌年の一九九〇年だったと思う。私はその相手が誰かは忘れてしまったが、対談をしていた。まだ「バブルがはじけた」にはならず、相変わらずの騒々しい投機熱は続いていたが、昭和天皇、手塚治虫、美空ひばり等が連続して世を去り、天安門事件が起こって宮﨑勤事件があって、ベルリンの壁崩壊に至る一九八九年の激動の余波は、なんとはなしに人を不安にしていた。「昭和は終わったけれど、この先はどうなるんだろう?」というような。

そんなことを対談相手に聞かれて、「うっかりしたことは言わない方がいいんじゃないの」と私は言った。昭和が終わった後の私の「日本」に対するイメージは、「高い天井のあるドームに覆われた、大きな廃墟」だった。

「その内、古くなった天井が落ちて来る。天井を支える柱も倒れて来る――でも、今そんなことを言ってもパニックを誘発するだけだから、うっかりしたことは言わない方がいい」と思っていた。根拠を挙げる前に、そう思っていたからそう言った。その後の日本が私の言った通りになったかどうかは知らないが、私は天井が落ちて来るかもしれない古いドーム都市から退去して、当時の社会情勢とはまったく関係のない仕事をしていたから、平気でそう言った。

昭和という時代が終わったということは、一つの時代が終わっただけではなく、「その後の方向を見失った」ということでもある。昭和が終わって四半世紀が過ぎて、このことだけは確かだろう。終わった社会の幻影を追って「ああだ、こうだ」と言っても仕方がない。一つの時代は終わっても、人の社会はまだ続いて行く。だから、ゼロからやり直す覚悟をする必要がある。その覚悟を抜きにして「終わった時代」の跡を辿り、あれこれ言っても、あまり意味はないんじゃないかと思う。

二〇一四年八月

知らぬが仏

朝日新聞が大変なことになってしまいましたね。とは言っても、どういう風に「大変」かは忘れちゃったし、最近じゃ一カ月もすればみんなさっさと忘れてしまうので、「大変なことになった」だけで終わってしまうのか、あるいは、辞任してもいいような社長がそのままでいるから、まだ「大変なことになっている」のままなのか、私には分かりませんが。

「慰安婦問題での誤報」やらなんやらで、「もう朝日新聞は読まない」という人がいくらでも出て来ることは予想がつきますが、それはそれで無責任なんじゃないかと私は思います。「いやだから止める」ではなくて、「このていたらくじゃだめだから、もっとしっかり購読して経営を支えて、建て直しを監視してやる」くらいのことをしなくちゃだめなんじゃないですかね。現場の意気は阻喪していて、そこに「部数減」なんてことが起こったら、デフレのスパイラルみたいな言論の危機も起こっちゃうような気もするので、「支えてやる」という前向きな支援は必要じゃないですかね。もっとも、そんなことを言って、私は朝日新聞を購読してませんがね。

昭和の終わりくらいから私は朝日新聞を購読してないんですが、それは「朝日嫌い」というものではなくて、他の新聞に比べて朝日新聞には書籍の広告が多いからです。それでも、それが毎日それだけの量の新刊広告に付き合わされていると、「今の流行はこういうものだから、こういうものを書かなければだめだ」という気分になって来たりするんですね。だから私は「そんなものに影響されたくない」と思ってやめちゃっただけです。別に「中身が嫌い」というわけではないです。「中身云々」を言う前に、私はどの新聞を読んでもピンと来ない。自分とは違う他人に向けて書かれているものを、横から目を細めて読んでいるような気になる。もっとはっきり言えば、新聞は読者である「真面目な善き人」に向けて書かれていて、私はあまり「真面目な善き人」ではないのでピンと来ないということです。

朝日新聞だけではない。どの新聞にもそれぞれに想定される「真面目な善き読者像」というものがあって、私はそのどれにも馴染まない。「なんか違う」という気がしていて、その感じは私が学校教育の中で感じていた違和感に近い。でも、そこまで広げると事は大事になりすぎる。今や「イスラム国」を典型として、「私（達）は間違っていない。私（達）は世界のあり方に違和感を抱いている。私（達）のあり方に従って世界を変えよ！」的な考え方が当たり前に存在していて、これを野放しにすると、辺り一帯すべてが修復困難なメチャクチャ状態になってしまう。そうなるのはいやだから、違和感は違和感として、「それを感じる自分のあり方はどんなもんかな？」と考える方向へ行ってしまう。

そういう私だから、日常的に「情報を収集する」なんてことはしない。ただぼんやりしている。それでも「情報社会」だったりするので、ぼんやりなりに知ってしまうことはある。私は「従軍慰安婦」なるものが問題になっていることは知っていたが、なにがどう問題になっているのかを知らなかった。でもいつの間にか「朝鮮人の女性が従軍慰安婦として日本帝国軍人に強制連行された」ということを問題にしているんだな、ということが分かった。分かったけれども、そこでまた疑問が生まれた。「軍人が慰安婦にする女を強制的に連行する」とは言うが、そうして連れて来られた女達を、誰が管理するんだろう？――という疑問ですね。

軍人に、連れて来た女の管理なんか出来るんだろうか？ 軍人に慰安所の経営なんて出来るんだろうか？ 「慰安婦＝セックス奴隷」にしてしまうと、連れて来られた女達が裸のまま鎖でつながれているようにも思われてしまうけれど、風俗産業に長い歴史を持つ日本でそんな不粋なことが起こるんだろうか？　官僚でもある軍人は、自分で慰安所の経営なんかしないで、民間に丸投げして幾分かの上がりを着服するというもんじゃないんだろうか？　私はそんなことを考えて、大揉めの「従軍慰安婦問題」の中から「女郎屋」という単語が飛び出して来るかどうかを見ていた。売春業者の女郎屋は江戸時代以来健在で、戦後十年以上過ぎなければ売春防止法も制定されないからなおも健在なままで、慰安所という名の売春施設の運営を担当するのは、伝統ある女郎屋以外考えられない。だから、女郎屋が登場しない慰安婦問題は、ある種のプロパガンダの可能性はある。でも、そんなことを白熱する議論の場で口にしたってはじき飛ばされるだけだから、私は「知らない」ということにしていた。

知らなくても分かることはあるし、知らないからこそ見えて来るものもある。真面目な善き人達はあまりそういう考え方をしないけれど。

二〇一四年一一月

二つの「自由」

今年（二〇一五年）は戦後七十年だそうですが、私はこの「戦後〇〇周年」という言い方が好きじゃありません。なんだか、止まった大きな掛け時計の前で「もうこれだけ時がたった」と言ってるような気がして。「戦後」と言ってる限り、「戦後」は「戦後」から一歩も出なくて、だからこそ簡単に後ずさりをしてしまうような気もします。このままではこの章の「戦後七十周年」の繰り返しですが。

世の中には「戦後」が嫌いな人がいくらでもいることを私は知っています。なにしろ私は自由な戦後生まれなので。その「戦後」が嫌いな人は、「自由とわがままをはき違えている！」という言い方をしていました。私は「年寄りがなに言ってんだよ」と思って、それは若かった頃も、年を取った今においても変わりません。ところがその一方、私は「なにをやったって自分の自由だろ！」という言い方が嫌いです。

それを自分で一度も口にしたことはないのかと言ったら、そうでもないような気はするのですが、言った後ですごくいやな気分になったようには思います。それは、なにか下らない権利を主張しているようで、他人が言っているのを耳にすると「なんという下劣な人間だろう」と思ってしまいます。それこそ、生理的にだめです。

自由に反対する声もいやだし、自由を主張する声もいやだし、「声高ではなく自由を訴える」のもあまり好きではありません。だから、自分は自由が好きなのか嫌いなのかよく分からなくて、よくある「自分の自由は好きだが、他人の自由は嫌いだ」というようなものだと思っていましたが、うっかりしていました。「自由とわがままは違う」なんてことを言いますが、古い日本語の中で「自由」とは、「わがまま」のことでした。

兼好法師は『徒然草』の第六十段で《(この僧都は)世を軽く思ひたる曲者にて、よろづ自由にして、大方人に従ふといふ事なし》と書いています。「自由」というのが、近代になって日本に入って来た新しい概念で、freedom や liberty の訳語だと思っている人は多くて、そんな風に教えられたようにも思っていましたが、その以前「自由」は仏教系の言葉として日本に存在していて、俗の世界でそれは「好き勝手」「わがまま」という意味になっていた。だから、日本には自由民権運動の以前から「自由」はあって、「気随気まま」である「自由」は珍しい概念でもなかった。

それが、どうして戦後になって「自由になった！」なんてことになったんだろうと思った。「自由になった」のなら、それ以前は「自由」ではなかったということで、基本トーンとして「自由＝気まま」を容認している日本の風土の中で、誰が「自由」に制限をかけて奪っていたのかということになったら、もちろんそれは、軍部であって軍人ですね。昭和の軍国主義の前は大正デモクラシーだし、その前は自由民権運動なんだから、基本トーンとして「自由」はある。それよりもなによりも、「自由」だからこそ日本人は気ままでのん気なんだ。「戦後になって自由になった」と言うと、それ以前の日本に「自由」はなくて、ずーっと暗黒時代だったみたいになってしまう――「戦後の自由」という言い方をした途端そんなことになってしまうから、それで私は「戦後〇〇周年」が好きではないのだけれど、それで言えば日本の暗黒時代は二十年程度のものですね。

バブルの後「失われた二十年」みたいな言われ方をしたけれど、日本の軍国主義も「失われた二十年」に近いようなものなのかもしれない。別に、戦争を軽んじて言っているのではなくて、「戦後」あるいは「終戦」を一区切りとしてしまうと、「それ以前の時代はずっと暗黒だった」的な理解が生まれてしまう――明らかに一時期はそうだった。

でも、近代になって西洋からそれがやって来なくても、日本は「自由」で「のん気」で

「わがまま気まま」ではあった。そして、だからこそ問題は生まれる。仏教系の古くから日本にある「自由」は内面的なもので、「外からの抑圧によって自由が妨げられている」というような質のものではなかった。だから、戦後になって「自由」がやって来ても、「戦後だ、自由だ、アメリカの占領軍が自由を持って来てくれた」と考えて、「誰が自由を奪っていたのか」を考えなかった。一時は考えたのかもしれないが、「自由は特別じゃない。普通にあるもんだ」という考え方が風土的に存在しているので、「また自由になった」とだけ受け入れて、「誰が奪ったか」という考え方は長続きしなかった——そうじゃないかと私は思って、「抑圧に抗して存在する自由」という考え方をあまりしない日本人に対して「いいんだろうか?」と思っている。

「抑圧する側の自由」っていうのは分かるんですよね。他人を平気で抑圧出来る側は、いつだってそれだけ「自由《のんき》」だから。「抑圧はあるんだから、それをなくさなくちゃだめだな」という方向性をなくしたら、「戦後」に意味はないですね。

二〇一五年六月

なくなったもの

戦後七十周年の記念で、やたらとテレビは「悲惨な戦争はもうしたくない的」な番組ばかりやっていて、ボーッと見てる内、「いつの間にかみんないい子になっちゃったんだな」という感じがした。そういう中で、広島だか長崎だかで「原爆被害の悲惨」を語り継いでいた高校生の女の子が、「加害者としての日本の立場を知らないままこれ以上語るのは無理がある」と言っていたのが、「印象に残った」というよりも、「やっぱりそうか」だった。

「戦争を始めるのは簡単だが、戦争を終わらせるのはとても大変だ」というようなことを、「終戦の日」を間近にした頃にはいろんなところで言っていたが、「それはなぜか」の答がなかった。

日中戦争から太平洋戦争までの戦争がなぜ「終わらせるのが大変」だったのかという理由はあきれるほど簡単で、それは戦争を始めた日本に「どこかで戦争を終わらせる」という発想がなかったからだ。この戦争を始めた日本は、「勝ったら終わり」という考え方しかしていない。つまり、勝たなければ終われない。だから、「負けて終わらせる」という発想がない。それで八月十五日は「敗戦記念日」ではなく「停戦記念日」でもなくて、「終戦記念日」なんだろう。「誰かがなにかをしてこうなった」という、主語のある文章ではなくて、主語抜きで「そうなった」にしてしまう日本人的な発想は、もしかしたら、この戦争から生まれたのかもしれない。

日中戦争にしろ太平洋戦争にしろ、当時存在していた軍部は、「すぐにカタがつくはずだからやっちまえ」で、戦争をスタートさせる。だから、日中戦争でも太平洋戦争でも、戦争には付き物の「宣戦布告」なしで始める。日中戦争に関しては、これを「事変」と言って、「戦争」とさえ言わなかった。「事変」というのは「異常な出来事」で、初めは「中国北部の異常な出来事」だから「北支事変」、それが「支那事変」「日支事変」「日華事変」になる。

日本にとって、それは「事変」であって「戦争」ではないから、「ここら辺で終わりにしましょう」と当事者同士が話し合う、「停戦」という事態が起こらない。事変という「異常な事態」は、「暴動を鎮圧する」というような形での「平定」でなければ終わらない。

事変が「平定される」というのは、「鎮圧に向かった日本が勝った」という終わり方しかなくて、「勝った」という実感が日本になければ、永遠に終わらない。

日華事変の六年前、日本の軍部は満州で「異常な出来事」を起こした。満州事変と呼ばれるもので、軍部は清朝のラストエンペラーを連れて来て、満州国というものを作ってしまった。満州国の南には「冀東《きとう》政府」というものを作ってしまった。日華事変の後には、北京に「中華民国臨時政府」、南京に「中華民国維新政府」という傀儡政権を作った。それればっかりが、日本にとっては「中国を代表する政府」で、それ以前から存在しているネイティヴ中国の国民政府は「事変を招来させる暴徒の中枢」のようなものになってしまう。だから、日華事変の始まりである「盧溝橋《ろこうきょう》事件」の半年後には、時の日本の総理大臣近衛《このえ》文麿《ふみまろ》は「国民政府を対手とせず」と言ってしまう。

停戦を成り立たせる交渉相手を否定してしまうのだから、この戦争には終わりようがない。

日華事変の起こる前年には二・二六事件が起こって、軍部のやり方に反対する政治家が殺される。満州事変のあった翌年には満州国が出来上がるが、その建国の前には右翼テロの血盟団事件があって、建国後には五・一五事件があって、政治家が殺される。「軍部のやり方に反対するとこうなるぞ」と言わぬばかりのテロ事件があって、政治家は「さっさと勝って事態を収拾するんだから黙ってろ！」という軍部のやり方を、後から追認して行くことになる。

第二次世界大戦が終わって、日本の政治家達は「戦犯」として処刑されたり罪に問われたりするけれど、それは形の上で「政治家には責任がある」というだけで、戦争を続けていた日本の政治家が問われるべきは、「政治家として主体性を放棄して軍部の暴走を追認した」ということで、なぜそういうことになってしまったのかといえば、明治政府が軍部と政府を別々にした上で一つにして、「軍が政治家の上に立ってコントロールする」ということを結果として可能にしてしまったからだが、そういうシステムを作ってしまった明治の元勲と言われる人達は、戦争が終わる前に死んでしまった。

戦争が終わって七十年もたてば、「戦争遂行を叫んだ側」の人は死んでしまって、「戦争を続けさせられた」側の被害者系の日本人しか残っていない。それで、「終わらせるという発想がなかった」は、どこかに消えてしまうのだろう。

二〇一五年一〇月

批評のポジション

世の中はとんでもないスピードで変わって行きますね。政治の世界では突然「新しい状況」が生まれてしまう。

リーマンショックの後で旧民主党への政権交代が起こる前くらいから、急速に「日本でも二大政党制を」という声が大きくなった。それはそれで不思議ではないけれど、じゃ日本の二大政党制は「どういう二大政党制であればいいのか」に関しては、曖昧だったような気もします。ま、今でも多分まだ曖昧なんでしょうけれども、日本人が望んでいる二大政党制というのは、たとえて言えば「自民党Aと自民党Bとの間で政権交代が起こる」というようなものだと思う。

「安倍一強」でろくでもない問題がやたらと現れて、でもこれに変わる勢力がない。だから小池百合子を代表として「改革保守」を強く打ち出した希望の党が現れると「激震が走った」みたいになってしまう。それは安倍晋三の自民党Aに対して、小池百合子の自民党

Bが現れてしまったからでしょうね。

私は、別に不思議ともなんとも思わないけれど、「改革保守ってどういうもんだ？」的な驚き方をする人がいくらでもいる。そういう人達の頭の中には、「二大政党制と言えば保守対革新」という、今から六十年ばかり前のいわゆる「五五年体制」の考え方が残っているのでしょう。旧民主党が民進党になり更に解体に向かった党のまとまりのなさも、このことが大きく影響していて、「非自民であれば革新だ」という勝手な思惑で、保守と革新が便宜上一つになっていった。

本当に必要だったのは、「よりよい自民党」であるはずの「もう一つの自民党」だったのに、「非自民、反自民」を謳った結果、革新系も一つにして、結果、水と油のバラバラになってしまった。「政権与党になる」と言った旧民主党の弱さは、「もう一つの自民党になる覚悟」が持てなかったことじゃないかと思う。

日本で「政権与党になる」ということは、どうやら「もう一つの自民党になる」ということで、戦後の日本では初めから自民党——自由民主党が一つだったわけじゃない。「五五年体制」というのは、「自民党対社会党の二大政党が拮抗する」という、言ってみれば革新側の希望的観測を前提にしたもののように思われるけれど、その「体制」がどうして

（一九）五五年体制であるのかというのは、その年に後の「日本の二大政党」と言われる自由民主党と日本社会党の二つが成立したというだけの話で、「意味のあるものとして五五年体制を堅持しなければならない」という理由なんかはない、と思う。

ここで戦後日本の政党変遷史を展開するつもりはないけれど、太平洋戦争が終わった段階で、日本に政党はなかった。あったのは「全員同じ方向を向く」という大政翼賛会《たいせいよくさんかい》の中の「なんとか派」だけで、終戦と同時にこの縛りが消滅して、その年の終わりには政党が復活する。保守系の政党は、離合集散と党名変更を十年間繰り返して、吉田茂の自由党と鳩山一郎の日本民主党の二つに整理され、これがくっついて自由民主党になった。社会党の方だって一つではない。日本社会党としてスタートしたものが右派社会党、左派社会党の二つに分裂して――というかもう少しややこしく離合集散していたのが、自由民主党成立の一カ月前にくっついて、再び日本社会党が出来上がった。社会党の分裂は「路線問題」という（多分）思想的な対立でしょうが、自民党の方は、それぞれを率いるボス同士の喧嘩と手打ちですね。その二つの保守政党が一つになったのは、「二つだと不安定だから困る」という、財界からの要請ですね。

言ったらなんですが、日本の政権与党である自民党の中には、派閥争いが隠れている。

これが「総理一強」ということになると、とんでもない暴走が始まるんだから、不安定極まりない現代社会にふさわしく、互いに牽制するのが可能であるように、自民党A、自民党Bの二つになりゃいい。そういう配置にしておいて、そこからはみ出してしまった、いわゆる「革新リベラル勢力」は、二つの自民党に対して「批判勢力」として存在すればいい。

社会党が力をなくしてしまったのは、「批判ばっかりでなんでも反対の社会党」と揶揄《やゆ》され、「現実的になって政権与党を目指そう」などと無駄なことを考えた結果で、「現実は現実、批評は批評」で、批評が「現実」なんかになる必要はないんだ。現実はいつでもいい加減で、だからこそ「非現実的な発言」である批評が意味を持つ。「批評は現実と関わらなきゃいけないんじゃないか?」と思った瞬間、批評は力を失うし、失った。批評は批評で、現実とは別次元にあることによって現実と絡み合う。非力だからこそ力を持つというのが、批評の力でしょう。だから私の言うことは、現実と関係がない。

二〇一七年一一月

ガハハvs.やァね

今更あきれようもない昨今の日本だけれど、官僚同士で回す文書の中に「総理のご意向」という言葉が当たり前のように登場するということに、あきれるというかいささか驚いた。「総理の意向」じゃなくて、「総理のご意向」なのかと思って。

江戸城じゃあるまいし、総理の「ご意向」ね。行政のトップに立つ人間に、実際の行政機関の中で働く人間が「ご意向」なんて言うかね？「お上のご意向」じゃあるまいし。社内の人間が、同じ社内の上司に「ご意向」なんて言うのかね。「私一人でなんでも出来る。担当大臣が無能で説明能力が欠けていても、私が〝通す〟と思っている以上、どんな法案でも通す」で、特定秘密保護法や安保関連法案を成立させて、共謀罪法案まで成立させるところまで来ちゃった人だと、やっぱり「ご意向」になっちゃうんでしょうかね。もう北朝鮮のことなんか笑えないなと思う。

「ミサイル開発なんかしてないから北朝鮮じゃない」なんて言ったって、「ご意向」の方が「国家戦略としてミサイル開発特区を作る」と言えば、簡単に出来ちゃうかもしれないしね。少しはましな頭を持つ人間をみんな粛清しちゃって、ただ笑って手を叩いているだけの勲章付けたジーさん連中を従えてる金正恩を見ると、「彼が倒れた後の北朝鮮はどうにもならないくらいの右往左往状態になるだけだな」と思うけど、日本だって似たようなもんかもしれない——と思ってはいたが、日本にはまだ「バカに従うのは生理的に無理」というような人もいるんだなと思って、ちょっとだけほっとした。

現役時代なら「上の圧力」で言いたいことも言えないだろうけれど、辞めさせられて職場を離れたら、もうこわいものはないから言いたいことは言うような——「あるものをないとは言えない」とか、「黒を白とは言えない」とか。職場の倫理を歪められたら、まともな人は怒りますよね。まともな頭の人間と、酒飲んでガハハと笑ってるだけの昔オヤジの違いは、ガハハオヤジは一歩踏み込まれて警告めいたことを言われるとすぐ怒鳴るのに対して、まともな頭は一歩踏み込まれたくらいなら譲歩するという点。へんな踏み込まれ方をしたら、自分の状況を確認するために、とりあえずは譲歩してみる。でも、それが二歩三歩と続いたら、もう許さない。しっかりと状況を頭に刻む。そこが、酔いが醒めたらすべてを忘れてしまうガハハオヤジとの違いだ。

ただ、「恥」というものが失われた今の日本では、ガハハオヤジはいくらでも責任逃れが出来る。「恥」という概念がなくなると、「よくそんなこと平気で言えるな」というようなことが、大っぴらに罷り通ってしまう。「バカが結束すると無敵」というのは、とんでもないことですな。

ただ、昔のガハハオヤジは非を認めなかった。非どころか、なんにも認めなかった。ところが最近のガハハオヤジは、謝りはしないが、自分がろくでもないことを言ったということだけは認める――認めざるをえなくなって、その上で支離滅裂な言い訳をする。「ガン患者が職場の受動喫煙で苦しんでいる」という発言をした女性議員に対して「働かなきゃいい」という野次を飛ばしたオッサン議員は、謝まりはしなかったが、「私は言った」と認めた上でわけの分からない言い訳をした。「ご意向」の方は、さすがに「ご」付きの意向の人であるだけあって、高飛車に突っぱねるだけで言い訳はしない。でも、その周りの人間は、へんな言い訳をする。その程度に、ガハハオヤジの力は弱まっている。

そこで「どうすんだろうな」と思うのは、「働かなきゃいい」のオヤジは、自民党東京都連の副会長だったってことですね。私は、自民党の「都議選総決起集会」なるものの映像を見て、びっくりした。会場を埋めているのは、オッサンばかりなんだ。壇上の立候補予定者は灰色の背広姿ばかりで、会場はそれより黒い。「分かってんの？　大丈夫なの？」と思いましたけどね。

あまりそんな風には言わないけども、自民党と小池都知事の関係は、熟年夫婦の家庭内離婚なんだよね。小池百合子が自民党に進退伺いを出して、でも自民党の方じゃなんにも言わないっていうのは、女房の書いた離婚届を亭主が握りつぶしてるってのとおんなじだし。

熟年で離婚を言い出す女を、日本社会はあまり非難しないんだよね。「あんな我がままでなんにも出来ない男と付き合ってんのなんて、ホントにやだもんね」というような合意が、既婚の中高年女の間には出来上がってるのも同然だし。だから、いくら小池百合子のことを非難してもだめなのよ。「状況を理解しないバカ男がひどいこと言ってる」としか、オバさん達には響かないんだもの。ガハハオヤジは、もうそれだけで「やァね」の忌避包囲網に囲まれてしまう時代だということを、オッサン連中は考えた方がいいのに。まァ、考えてもどうにもならないけど。

二〇一七年七月

道徳教育は必要なのかもしれないなァ

道徳教育というのが嫌いだった。その根っこにあるのは「忠君愛国」的な考え方を生徒に吹き込みたいという願望で、「いきなりストレートにそれもなるまいな」と思ったのでしょうか、結局のところ「素直で心正しく、人の言うことを黙って聞くおとなしい人間を育てよう」というところに落ち着いたのかなと思います。

道徳ったって、なにを教えるのかはっきりしない。薄ぼんやりした記憶を探ると、中学生の頃、時間割りに「道」の文字があったような気がする。その頃から私は「道徳」というのに対して「やだな」という気しかなくて、自分の時間割りに「道」なんていう字を書くのがいやだった。でも実際、その時間になると先生の方もなにしていいか分からないから、一時間のHRか席替えで終わってたような気がする。

某県で私の文章が道徳の教科書に採用されたことがあって、送られて来た教科書を見たけども、その科目の狙いがなんなのか、さっぱり分からなかった。分からないのは、全体が「よい子の心得」みたいで、「こういうものに今時の中学生が付き合えるのかな？」と、かつて中学生だった我が身を想像して思ったからですが、それでふっと、「どうして〝こういう悪いことをしてはいけない〟という形の道徳教育は存在しないのかな？」と思いました。

中学生くらいだったら、「こういうことをするのは恥ずかしいことです」という形で、ずるくていけないことを列挙した方が、身を乗り出すと思いますね。「いいこと」は退屈だけど、「ずるいこと」にはうっかりと身を乗り出しちゃう。「こういうことはずるいことだよ、人として恥ずかしいことだよ」という悪い例を教えた方が、邪悪なものに対する免疫が出来る。「こういう〝いい人〟になれ」という押しつけは、単調で規則順守の薄っぺらな人間しか育てないけれど、「してはいけない例」を教えれば、「自分にとっていい人間とはどういうものか？」と考えることになって、本当の意味での思考能力が育つ。

もちろん今時の中学生だから、「恥ってなんですか？　悪くたって法律違反じゃなきゃいいんじゃないんですか？」くらいの口はきくでありましょうが、そういう時は、「恥ずべきことというのは、生き方がダサいということです。ダサくなりたいんですか！」と言やァいいんじゃないかと思います。

道徳的に問題のある恥ずかしい例としては、次のようなことが考えられます——。

「あなたのクラスでは、〝今度のテストはみんなで見せ合ってカンニングしようぜ〟という秘密の計画があって、それに参加するメンバー達の間でメールが回っているという通報があり、そのメールを入手しました。ここに参加メンバー十人の名前がありますが、これは事実ですか?」と、校長先生から組担任が尋ねられましたが、そういうメールの存在を前から知っていた組担任は、「その十人と同姓同名の生徒は十人おりますが、なんのことでしょう?」と答えました。これは、本当に恥ずかしくて卑怯で、「いけしゃーしゃーと」というのはこういうことで、最低のことです。

こういう例文が載っている道徳の教科書を、文部科学省はOKするのでしょうか?「私には疚《やま》しいことなどなにもありません。なにかまた問題が発生したら、それはどういうことかときちんと説明いたします」と言って、それっきり説明の「せ」の字もないのは、責任ある立場の人間としてはとても恥ずかしいことで、卑怯陋劣《ろうれつ》とはこのことです——という例もいいな。

子供は邪悪な感じのするむずかしい漢字が好きですから、陋劣とか怯懦《きょうだ》という言葉を教えると喜ぶと思います。進学クラスの人間だけに忖度《そんたく》という言葉を教えるのは、問題だと思いますね。

大体、担当大臣にさえろくな説明が出来ない法律を通してしまうということは、その法律の杜撰《ずさん》さや矛盾点を行政側が勝手に解釈して適用してしまうことでもあって、法治主義の原則に反することですが、そういうことが行われてしまうのは、道徳上の問題ですね。

矛盾のある法律の細かい詮索ばかりしていると、「これでいいじゃないか」と思う側の言い逃ればかりがはびこって、そのことによって議論が複雑になり、なにが問題になっているのかが見えなくなってしまう。「担当大臣がまともに説明出来ない法案を議会に提出する」というのは、そのこと自体が間違っているということで、政治や法理論の問題である以前に道徳の問題。「恥を知れ！」という言葉が出て来ないのをいいことにすっとぼけているのは、これ以上ない恥ですがね。

二〇一七年八月

やな女とこわい女

二〇一六年七月の都知事選に現東京都知事の小池百合子が立候補した時、「やな女だ」という声を結構聞いた。意外だったのは、「小池百合子だけは絶対にやだ」という女が多かったことで、「なんで?」と聞いたら、「だって、あっちこっち政党を渡り歩いてるじゃない」という答が返って来た。「え? そんなこと?」とこっちは思う。

日本の政党で独自性が明確に存在するのは日本共産党だけで、他の野党はみんな「自民党周辺政党」と言ってもおかしくないようなもんだから、各種政党を渡り歩いて最後は自民党に落ち着くというのは、別に珍しいことではない。見方を変えてしまえば、「〝ここはだめだ〟という見切りがつけられる批判能力のある政治家」だと、言えないこともない。なんだか、「いくつも会社を変わって来た古手女に対する、会社定住女の偏見」のような気もする。言うんだったら、「男受けをしようとしてへんに媚びた声を出してるからいやだ」と言えばいいのにと思って、「小池百合子の地声ってどんなんだろう?」と思った。

選挙演説を続けりゃ喉も疲れて、作り声の下から地声も出て来るだろうと思ったけれど、疲れて声がかすれても、彼女はあの声のままだったから、あれは「男に媚びた作り声」じゃなくて、地声による彼女の普通の喋り方らしいなということは分かった。

どうでもいいようなことだけれど、日本の女の政治家の場合、「オヤジ受けがいい」ということが第一の要件のような気がする。「オヤジ受け」がよくないと「生意気な女」になって、仲間の政治家からもあまり相手にされない。「オヤジ受けがいい」だけで大臣になっているやな女がいくらでもいる中で、小池百合子だけが特別にやな女だとも思わなかったし、自民党議員だった小池百合子は、自民党側の推薦なし——というか「お前なんか出て来んじゃねェよ」的な無視を撥ね返して立候補したんだから、その点では「腹が据わった女」ではあると思うんだけれども、小池百合子を「やな女だ」と言う女に、「だって、彼女はオヤジの世界から出ちゃったじゃない」と言うと、「うーん……」と無言になっちゃう。「一人で戦う」というのは革新系——というか左翼系の女で、保守系の女がそういうことをするはずがないと思っていたのかなと、私なんかは思います。

右であれ左であれ、女の政治家は孤独であるに決まっている。だから、オヤジに媚びる。左の方なら男を「仲間」と言ったりもするが、「この女に〝仲間〟と言われる男はたいしたタマじゃないな」という気はしてしまう。

政治の世界は、「オヤジの背脂」を注ぎ足し注ぎ足し続けたドロドロのツケ麵のスープみたいなもので、トッピングにゴキブリの卵が浮いている。そこに入ったら「オヤジの背脂」に同化するしかない。男はドロドロのバカになって、女は背脂の上でポールダンスを踊るしかない（今回ひどいことを言ってるなと思いますが、その程度に嫌いな女の大臣が何人もいるんだよな）。

男は孤独に弱いから、背脂チャッチャ系に勝てない。それを拒むと、「仲間がいない、頼りようのない負け犬」のポジションを押しつけられてしまう。だから、孤独に強い男は、政治の世界の中になんか入らない。でも女は、どこにいたって――たとえ家庭の中の主婦であったって、孤独だから、そのことに目覚めてしまえば強い。「小池百合子だけはやだ」と思う女とは別に、「私達に孤独を押しつけるオヤジの集団はいやだ」と思う女達が、東京にはいっぱいいたんだろうなと思うだけです。

だからと言って、この先小池百合子が改めて「やな女」にならない保証はない。あの「猫っかぶり」と言われかねない丁寧口調を続けていたら、疲れてしまうだろう。「よそ行きの自分を作る苦労」は、たやすく人を――男女問わず「やな奴」にしてしまう。それで、

「どうして日本には〝こわい顔〟をした女の政治家がいないんだろう？」と思う。中身が有能で優秀だったら、顔なんか関係ないじゃないかと思う。

死んだ元イギリス首相のマーガレット・サッチャーや、キャメロンに代わった新しい首相のテリーザ・メイなんかはこわい顔をしている。顔なんか関係ないから、こわくてもいい。だからヨーロッパには美人の女政治家もいる。

しかし、アメリカはまだ及ばない。オルブライトやライスといった前の国務長官はおっかない顔をしていたが、ヒラリー・クリントンは嘘臭い愛想を振りまいている。きっと彼女は、自分の笑顔が「やな女」のイメージを増幅していることに気がつかない。「笑顔」で言えば、自分のことをコメディアンと割り切った時のドナルド・トランプの方が自然でうまいが、アメリカの大統領を「愛嬌と押しの強さ」だけで決めてくれるなよとは思いますね。

二〇一六年一〇月

第三章
誰もが話を聞かない時代

議論の余地

大阪市を解消して五つの特別区にするという「大阪都構想」は、住民投票の反対多数で否定されたけれど、それでなんだかよく分からなかった「大阪都構想」というものがなんだったのか、ぼんやり見えて来たような気がする。

それは大阪市長橋下徹の信任投票のように思われた一面もあったようで、市長自身も「僕が嫌われた」というようなことを言っていたが、多分そうではないでしょうね。大阪市民は自分達のことだから結構真剣に考えて、でも、なにをどう考えたらいいのかよく分からなくて、年寄りほど「今のままでいい」と思い、若くなればなるほど「今のままじゃやだ」ということになったのではなかろうかと思います。

「大阪都構想」なるものの中心には、大阪府と大阪市の二重行政の解消という目的があって、「二重行政を放っとくから、府と市が勝手に張り合って金のかかる無駄なものを作るのだ」という指摘が「大阪都構想推進派」の方からあった。「たとえばこれが無駄です」

と、空き家同然になった立派な建物を見せられれば「なるほど無駄だ、バカなことやってるな」とは思うが、だからと言ってそれがそのまま「大阪府をやめて大阪都にすればいい」という話になると、急になんだかよく分からなくなる。他の人はどうなのか知らないが、私にとって「大阪都構想がよく分からない」というのは、その「いきなり飛躍した」というところにあった。私は大阪の人間ではないので、「本気で分かろうとしてないから〝飛躍してる〟なんてことを考えるのかな?」とは思ったけれど、どうやら違ったらしい。

住民投票が近づいて来ると「大阪の町の人の声」というのがテレビから流れて来る。そこで反対派の市民は、「二重行政の解消なら、市と府で調整委員会を作って話し合いをすればいい」と言っていた。別の反対派の一人は、「府知事の松井さんも市長の橋下さんも維新なんだから話し合えばすむだろう」と言っていた。

そういう声を聞いて、「なんだか分からない」と思っていた理由が見えたように思った。「二重行政の解消」を言うのなら、府と市の間に調整委員会のようなものを作ればいいわけですね。作って、それがどうもうまく行かない。「府と市がそれぞれの立場にこだわって二重行政状態を続けて変わろうとしない」になった段階で、「よし分かった、だったら大阪府も大阪市も廃止して大阪都にしてしまおう!」という声が浮上して来ることになるのではないかと思うが、そういう段階が「あった」という話は聞かない。喧嘩っ早い市長が「大阪都構想」に賛成しない市議会と喧嘩して、一度市長を辞任したという話なら聞いたけれど。

住民投票近くになって、「調整委員会を作ればいいのに、なぜ作らない」という声がやっと一般人の間から聞こえて来て、だからその点で「きちんと考える住民はきちんと考えているから、これは大阪市長の好き嫌いに関する信任投票ではないな」と思ったし、「そのステップが抜けていたから、〝大阪都構想〟というのは、飛躍して唐突なものに感じられたのだな」と理解した。今更だけれども、どうしてそういう問題――重要なステップが議論から抜け落ちていたんだろう。「それが抜け落ちている」という声が、議論の場で大きく取り上げられていたら、話はもう少し変わっていたのになと思う。

「大阪都構想」が否決されて、その中心にいた市長が、「この任期が終わったら政治の世界から去る」と言っているのだから、おそらくは、大阪府と大阪市は「二重行政の解消」に取り組むための新プロジェクトなんかをスタートさせないでしょうね。「めんどくさい嵐は去った」ただそれだけでしょうね。どういうわけか、日本の政治の議論はそういうものだ。

改革を訴える人は、自分の訴える「改革」とそれを可能に出来る「自分の勢い」に酔って、大事なステップを平気で素っ飛ばしてしまう。「勢い」に圧されてか、議論をするべき立場の人間達は、「大事なことが素っ飛ばされている」ということ自体を議論の場に上げなくなる。上げても、「それは違いますね」と、人の言うことを聞かずに平気で議論の素っ飛ばしをする人に撥ねつけられると、「問題はあなたのとる姿勢だ」と食らいつくことなく、うやむやにしてしまう。

なにを言っても「それは違いますね」で撥ねつけてしまう人に、本当に総理大臣をやらせておいていいのかということこそが、議論の対象になってしかるべきだと私は思います。「集団的自衛権は行使可能」が閣議決定されて、だから「安全保障関連法案」を新しくするということも閣議決定され、国会で審議されるけれども、どれだけ重要なステップが素っ飛ばされているのか、早く気がついてほしい。

二〇一五年七月

まず「総論」から始めよ

政府が提出して国会を通過させようとする安全保障関連法案に対して、与野党それぞれが参考人として推薦した三人の憲法学者が、公の審議会で口を揃えて「違憲の疑いがある」と言ったことが、政府を相当驚かせているらしい。それで私は「へー、意外だな」と思う。なにしろ、「集団的自衛権の行使は憲法解釈上可能だ」と言ってしまう程度に憲法を無視している人間達だ。それが「違憲の疑いがある」と言われただけでうろたえてしまうなんて、驚きだ。裏へ回って姑息《こそく》なことをする人間ほど、法の力を知っていて、「法律違反」と言われることを恐れているということかもしれない。

驚きついでのもう一つは、やたらと煩雑かつ膨大であるがゆえに、「これはだめだ！」と反論して覆すのがむずかしいと思われていた法案が、「憲法違反の疑いがある」の一声だけでガタついてしまうことが驚きですね。

「集団的自衛権の行使は可能だ」と言って、しかし「どこでどう使うか、どんな場合に使うか」という具体的な規準があやふやなものに対して、相互の連関がある一方、法としての統一性が取れているのかいないのか検証がしにくいような「個別のケース」をやたらと勝手に想定して、これを議論の対象にしてしまったら、議論が嚙み合うはずはない。

「Aの部分がおかしい」と言われて、「Aではそのように拡大解釈されるようなことを規定していない」と返されてしまったら、議論はそこで行き詰まってしまう。なにしろ、個別の案件に関する手続きを定めようとする法律なのだから、「総論」と馴染まず、容易に「総論」をはじき飛ばしてしまう。

「Aの部分がおかしい」は、「Bの部分」や「Cの部分」にまで広がって行くことは当然予想されて、そこで「AとBとCが同居していることは矛盾ではないか」ということにもなりうるのだが、「Aに関する法案とBに関するもの、Cに関するものはそれぞれ別の法案だから、一つにまとめて〝矛盾している〟という言い方は当たらない」という返し方も出来てしまう。いくつもの個別の法案を一括して「安保関連法案」として提出してしまうから、論点が拡散して攻めようがない。議論が起こったとして、当然それは瑣末《さまつ》なものになって、国民の関心を集めにくい。「なんだかんだやってるな」と思う内に、「十分に審議は尽した」ということになって、「与党の賛成多数」で国会を通過する手筈になっていた――と思ったが、「憲法違反」の一言で、それが凍りつく。改めて、「あ、そういう手があった」と驚いた。

日本には、「議論の争点を瑣末なところに置き、十分紛糾させた上で、なにがなんだかよく分からないまま案件を通過させてしまう」という議論の仕方が明らかにあるが、今回の「安保関連法案の一括上程」というのは正にそれで、「総論に弱い日本人」の面目躍如のようなものだ。

政府提出の安全保障関連法案が「違憲の疑い」があるというのは、政府が「集団的自衛権の行使は可能と憲法は解釈出来る」としたところから始まって、「法案提出の前提である政府側の解釈が違憲だから、提出された法案も違憲」ということに至る。とても分かりやすい話なのに、どうしてそれが違う話になってしまうのかと言えば、そのトリックは「集団的自衛権」という言葉そのものにあるんだろう。

「自衛という言葉を使っているから自衛なんだ。集団で自衛をすることが可能になれば、日本の防衛は万全になる」というメチャクチャな論理を総理大臣は平気で行使するが、「集団的自衛権」の主体は日本じゃない。「個別的自衛権」の主体は日本にあるから「日本の防衛」だけれども、集団的自衛権の主体は「日本じゃないよその国」で、日本はその

「よその国の戦争」に参加するだけだ。日本の防衛とはまったく関係がない。にもかかわらず、「〝自衛〟という言葉が使われているから、集団的自衛権も〝日本国土の自衛だ〟」としてしまうのは、愚かすぎる。いつの間にか「総論を検討する」という議論の根本が忘れられていい加減になったから、「その考え方は憲法違反でしょ」という、いたって当たり前の指摘が通りにくくなった。憲法学者に「違憲の可能性がある」と言われて、「その手があったか！」と気づく私も愚かだけれど、まず「なにを基準にしてどう争うのが議論なのか」ということを、明白なる日本の常識にしておくべきだ。

「九条を守れ」という声もあるが、その声がまた「じゃ日本の防衛は考えなくていいのか」という短絡した声を生んでしまう。一番重要なのは「憲法を守れ」で、「勝手なことをやりたいんだったら、まず憲法改正を考えろ。そのために国民を説得できる根拠を考えろ！」であろうかと思います。まず「総論から始めよ」ですね。

二〇一五年八月

簡単に分からないために

一九八〇年代の中頃に「キイワード」という考え方が浮上して来て、「キイワードを集めた本を作るから、いくつかのキイワードを担当して執筆してくれ」という依頼が私のところに来た。「キイワードを理解すれば現代社会を乗り切れる」という考え方は、就職試験を乗り切るための必要から生み出されたのではないかと思うが、そのことが「ネットで検索すればなんでも分かる」という後のあり方の前提になってしまったのではないかと、私は思う。

クソめんどくさいだけでたいして意味のないことに格闘するのだったら、「キイワード」というもので簡単にこじ開けてしまえばいいが、でも「分かる」ということはいくつもの扉をただ開け続けることではない。扉をいくつも開けて行けば、それにつれて「分かる」という事態は複雑化して行くものだ。だから私は「キイワードとして採用される言葉の中に〝キイワード〟という単語を入れて、それを書かせてくれるなら執筆を承諾してもいい」と言った。「キイワード」という考え方を導入することによって、「今までの考え方」が一転してしまう危険性を指摘しておくべきだと思ったのだが、そういう考え方は通らなかったらしく、私が「キイワード集」のようなものに執筆した記憶はない。

なんでこんなことを今更言うのかというと、安全保障関連法案が国会を通過して、それでどうするのかという問題もあるからだ。安全保障関連法案に対する反対の声は、「戦争法案反対、憲法九条を守れ」に凝縮された感があって、そのようにキイワード化されて多くの人を呼び集められるという一面もあるのだろうが、「戦争法案反対」や「憲法九条を守れ」だけではカタのつかない問題がここにはあると思う。

安倍政権の最大の問題点は、「政治は、信任を受けた我々がやる。だから、よそから余分なことを言うな」という態度を貫いてしまっていることにあると思う。だから、「自分達」以外の声を聞かない。国会に提出する法案が杜撰《ずさん》で相互に矛盾する内容を含んでいても、担当大臣の説明に食い違いがあって不明瞭でも、「これを執行するのは私達なのだから、私達に任せて余分な疑問を持つ必要はない」として突っぱねてしまう。安全保障関連法案の前の、特定秘密保護法の時からそうだった。

「説明不足だ」と言われても、「説明は尽した」で逃げてしまう。「いずれ国民は理解してくれる」と平気で公言する。国民はなにを理解するのだろうか？　穴だらけで相互に矛盾するような内容を含んだ法案が、丸ごと理解出来るようになるんだろうか？　「いずれ理解してくれる」と言う大臣のあり方を理解するのだろうか？　「きちんと説明出来ないような辻褄の合わない法案を提出して平気でいられる大臣のあり方」は、どのような形で容認され、理解出来るのだろうか？

たとえば、不動産屋で賃貸物件を借りる時、契約段階で「重要事項説明」というのを、不動産屋から言い渡される。「借りる人間はこの規則を守ってくれ」で、これに対する「借りる側からの修正要求」というのは認められない。不動産屋は貸し主に代わって、一方的に「借りる側の義務」を、文書を見せて読み上げているだけだ。ここには「分かりやすく説明する」という一項は存在しない。文字が並んでいる紙を見せられ、不動産屋はその文字の列を指でなぞりながら読み上げて、「分かりましたか？」の一言もなくて、読み上げ終わると「説明はいたしました」で完了してしまう。「貸し主の意向」をバックにした「説明」なら、「異議は認めません」で通ってしまうかもしれないが、「説明」というものは、すべてがそんなものではないはずだ。「提出する側の意向ははっきりしているから、これに対する異議は認めません」というような「審議」があっていいものか。

「戦争法案だから反対だ」というスローガンは分かりやすい。でもその分かりやすさは、「日本の安全保障をどうするのか？」という問題をたやすく吹っ飛ばしてしまう。反対すべきは、その法案の一歩も二歩も先を読んだ「戦争法案だから」ではなくて、「我々のやることだから余分なことを言わずに受け入れろ」という政府の態度に対してであるべきはずなのに、「戦争法案反対」の声は、そこを素通りする。

「その説明は説明になっていない。説明ではない、ただの押しつけだ」ということが、重大なる徳目《とくもく》違反を指摘するものだという理解がなくなってしまっているから、「余分な口出しをするな」という態度が、国会という「審議の場」で通用してしまう。言論の重要性を無視して、それでも平和でにぎやかで、金儲けだけが第一のこの国をどうするのかということなんかは、簡単に分かるはずがない。とりあえず「簡単に分かる」というイージーな手は捨てるべきだ。

二〇一五年一二月

しかるべき人達

熊本や大分の地震報道の陰に隠れてしまっているのかもしれませんが、昨年国会で可決されてしまった安全保障関連法の違憲性を問う訴えが、弁護士や元裁判官達を原告として裁判所に出されましたね。私は「ああ、よかった」と思いました。

安全保障関連法案が国会に提出された時、「戦争法案反対！」という声が高まりました。「戦争の放棄」を言う憲法第九条に反するものだから反対ということでしょうが、世界情勢の変化によって国防を考え直すことは必要でもあろうと、私は思います。

でも、そうであるならば、「現在の国際情勢はどうなっているのか。それが将来的にはどうなると考えるのか。その将来的な世界情勢の推論を受動的に受け入れるのか。あるいはその情勢にどう関わって危機を回避するのか」という議論が必要ですし、その一方で「我が国の国防力は現在どの程度のものであるのか」という議論ではなくて、事の性質上、内々の検討も必要だと思います。

憲法第九条に抵触する可能性のある安全保障関連法案を国会に提出するのなら、まず「その法案を提出する必要があるのかどうか」に関する以上のような議論をするべき必要があると思いますし、提出するのなら、まず憲法の規定を改正した上で提出するべきだと思っています。

これを言う私は、「憲法第九条を変えるべきだ」とも「変える必要はない」とも言っておりません。「それを判断するための材料がないからよく分からない」という、そこら辺に転がっている日本国民の一人なので、憲法第九条に関しては、よく分かりません。ただ「戦争がなくなったらいいな」という高邁《こうまい》な理想や、「やばいんだから、さっさと戦争放棄なんかやめちまえ」というような二択に進む前に、「むずかしいことは分からないけど、安全保障関連法案の審議って、手続き的におかしいんじゃないの？」という疑問は持ちます。

「手続きの中に重大な意味がある」ということを、どうやら人はあまり理解してくれません。そこを素っ飛ばして、「二者択一のどちらかを選べ」という方向に、割合簡単に進んでしまいます。どうやらそうです。でも、「手続きの中に重大な意味がある」と知っていて、これを素っ飛ばして、たやすく二者択一の一方に誘導することに長けた人達はいます。

「詐欺師」と呼ばれる人達です。

手続きの中には、時として人を引っ掛けるような重大な意味があるわけですが、「改憲、イエスかノーか」のような「ともかく結着を早くつけろ」的な議論ばかりに目が行って、多くの人はこのことの重大性に気づいてくれません。だから、安全保障関連法案を国会で審議していた昨年の夏、首相補佐官なる人物が、政府提出の安全保障関連法案に関して「法的安定性なんて関係ない」――「合憲であるか違憲であるかを考える必要はない」ということを、一般には馴染みのない「法的安定性」という言葉を使って言ってしまう。「違憲か合憲か」ということをまず考えなければいけないという「手続き」を無視してしまえば、法案を提出する行政府はやり放題になってしまうけれど、その「手続きの重要さ」を示す「法的安定性」という言葉に馴染みがないから、簡単にスルーされてしまう。「法的安定性」という重要な意味を持つ言葉が、法律関係者の中でだけ流通して、外部の人間には届かないというのは、悲しいことだけれど、事実ですね。そんな言葉、普通の辞書に載ってない。うっかりすればそうやって、知らない間に「外堀」がどんどんどんどん埋められて行く。「それは危機だ!」と言ったって、それを言う人が「馴染みのないことをネタにしてわけの分からないことを言っている人」とどう違うのかは、おそらくは分からない。「認知度の低さ」というのは、そのようなことを生み出してしまう。

国会の前に大勢の人が集まって「反対！」の声を上げるのを、意味がないとは思わない。それが映像になって流されれば、「多くの人が反対している」ということだけは見て分かる。でも、分かるのはそのことだけで、もっと多くの人は「これはなんの騒ぎなの？」と思うし、「ある種の人間はああいうことをやるんだよ」と切り捨てられる。そこでなにが起こっているのか、なにがどう問題にされた結果なのかということが分からなければ、そうなってしまっても仕方がない。

大方の日本人に「法的安定性を無視する」ということの重大性が理解されないのはもうしょうがないとして、だからこそ、なにも分からないバカな国民に代わって「法の番人」であるはずの元裁判官や弁護士には、「違憲でもかまわない」と言ってしまう行政に対して怒ってほしい。なにしろバカな国民は、その内閣の支持率を平気で上げているのだから。

二〇一六年六月

東京都民は――

東京都知事の舛添要一のせこさが大評判だ。あまりにもせこいので、みんなあきれて「辞めろ」とも言えない。「法的責任」など口にするのも愚かなくらいせこい。

東京都知事なんだから、海外に視察旅行をするのに、飛行機はファーストクラスで、三つ星や五つ星の高級ホテルに泊まったってかまわないと思う。かまわない、かまわない。なにしろ、東京の都知事だもの。ニューヨーク市長が同じことやったって文句言われないだろうなと思うけど、果してニューヨーク市長は「海外視察」なんてことをするんだろうか？　ロンドン市長でもパリ市長でも、カリフォルニア州知事でも。「視察」というのは後進地域の首長がするもののような気もするけどな。

まァいいけど――東京都知事だから。世界に冠たるメトロポリスだから、東京都知事がファーストクラスでも全然いいですよね。でも、その知事が国内で会議をするとなると、千葉県の温泉ホテル？　都庁近くの西新宿の高層ホテルのスイートルームじゃないんですね（都知事になる前だけど）。

家族を会社の役員にして、家族揃って外食をした費用を「会議費」で落とすというのは、中小零細企業の社長クラスがよくやることですが、舛添くんは「自分のあり方」を「中小企業のおっさん」として捉えているらしいですな。だから、「会議費」として計上されたホテルの宿泊代が、家族何人かは知らないが、一泊十万円程度というのはねェ。三人家族で朝夕の食事付きの温泉観光ホテルが一人一泊三万円くらいというのは、正月のハイシーズンだったりすると、安いでしょう。普通のオジサンやお兄さんだったら、それくらい自費で出すよね。「それくらいなら出せる」という観光ホテルだから、ＴＶでＣＭをバンバン流すんだろうしな。

海外で高級ホテルに泊まる東京都知事が、そんなクラスのところに泊まってたんですね。政治資金で。家族と外食して、一人前が一万円ちょっとの額って、普通のオッサン家族でも、出す人は自分で出しますよ。テレビじゃタレントが「一人前二万円の設定金額にどれだけ近づけて料理を注文出来るか」なんていうことを競う番組だってあるしね。私は「一人でそんなに料理を食う必要あるのか？」とは思いますけど、都知事クラスの人なら一回二万や三万の外食も不思議ではないように思いますが、どうしてそういう贅沢をしないいんだ？　海外なら三つ星だろうによ。

　都知事になる人が、「ウチはちょっと高級な材料使ってますから、お支払いが一人一万円を超すこともありますね」という回転寿司行って、「会議」しててていいのか？　一人一万円くらい自分で払えよ。しかも、年に数回だなんて。家族思いなら、もう少し外食の回数を増やしたらどうでしょうかね？　国内消費を回復させるためにも。最初の「え?!　家族で飯食って会議費？　しかも一人一万円？」と聞いた時に、そのせこさに啞然として、「辞めろ」という気も湧かず、「はいはい、どうぞお続けになって下さい。出て来たら横に〝せこい〟ってルビ振るだけだな」と思うばかりです。

　それにしてもすごいのは、東京都ですね。舛添くんの前の都知事は、「何千万円かの金がこのカバンに入るかどうか」という、バカげたことを人前で実演して、任期途中で辞めざるをえなかった猪瀬直樹で、その前は「やっぱ国政に戻るわ」でこれまた任期中に投げ出した石原慎太郎で、その前は「都市博中止！」だけを訴えて当選して、都知事になって都市博中止を実現させた後はなんにもしなくて、「無為の窓際オヤジ」と化してしまった青島幸男ですからね。

　舛添くんの前任者は三人とも「作家」で、舛添くんも「国際政治学者」だから、一九九五年の青島知事誕生以来、都知事はずーっと「文化人政治家」なんですね（「文化人」「文化人」「文化人」ね。日本にはアンドレ・マルローなんかいないっつうのにね）。

青島幸男の前の都知事選は、再選を目指す現職鈴木俊一とどっかの政党が担ぎ出したNHKのキャスターおじさんで、鈴木俊一は「私は年寄りじゃない」と言わんがため、演説会のステージ上で体を曲げて「指が床に届く」を実演し、キャスターのおっさんは銭湯で他人の背中を流して「気取ってないですよ、庶民的ですよ」をアピールしてた。結果は床に指が届いた鈴木俊一の勝ちで、「なんという低レベルな戦いだ」と当時は思ったけども、文化人じゃないただのオッサン政治家の方が東京都には向いてんのかもしんないですね。

東京の人間は気取ってるから、スマートそうな気がするように見える文化人系の候補が出て来るんだろうけれど、どうせ舛添くんは反省しないんだから、都民の方で「気取ってちゃだめだな」と反省すべきだな。

二〇一六年七月

強権政治の終わり

トランプ新政権がスタートしたばかりなのに、「強権政治の終わり」とは何事かと思われるかもしれないが、もしかしたら我々——特に東京都民は、「強権政治が終わった後はどうなるか」ということは想像出来るかもしれない。

トランプ新大統領が大統領就任前に開いた初の記者会見で、挙手したCNNの記者に対して、「うそのニュース《フェイク》」だの「お前じゃない」などと一方的に罵っている様子を見て、「こういう人は日本にもいたな」と、何人かを思い出した。

就任早々、自分に好意的ではない記者達に囲まれて「もう記者会見なんかやらない！」と怒ったタレント出身の知事もいた。自分に批判的な記事を書いた新聞を取り上げるのに、その新聞社名の上に「バカ」をくっつけた市長だったか、知事だったかもいた。その中で、なんと言っても最も尊大なのは、東京都知事だった石原慎太郎だろう。長い間政治家をやっていた人だから、素人上がりの瞬間的人気首長とは違って、ギスギスしたヒステリックなところはそう目立たなかった——初めの内は。でも、十三年もやっていればボロは目立つ。

一番印象的だったのは、ディーゼルカーが排出する汚染物質がひどいから、これを規制するという記者会見の席で、ペットボトルに入れた真っ黒な汚染物質を「こんなものを道路に撒き散らしてるんだ！」と言って宙にぶちまけたことだ。「わざわざそんなことしなくてもいいのに、この人はなにを勝手に怒ってるんだろう」と思った。

もちろんこの人は、記者達の批判なんか受け入れない。めんどくさくて都合の悪い質問が出されると、「知らない」と言い、「そんなこと自分で調べろ」と言い、「バカなこと言ってるんじゃない！」と説教する。おかげで都知事の会見に対峙する記者達は萎縮して、ただおとなしくメモを取っているだけのように見えた。もちろん、私のような「名もない人物」がこんなことを言ってるのが知れたら、徹底的に攻撃されるだろうけれど。

メディアに対して言いたいことしか言わない、批判的なものは無視するか徹底的に攻撃するアメリカの新大統領を見て、かつての都知事を思い出した。警察力で弾圧しなくても、人の上に立つ政治上のリーダーが、気に入らない他人の言うことをまったく聞かなかったら、それは強権政治だろう。そういうものがあって、そういうものが去った後はどうなるのかということを、我々はもう知っているのかもしれない。

一九九九年に東京都知事となった彼《か》の人は、老朽化した築地市場を豊洲の地に移転すると言い出した。後になって彼の人は、「豊洲移転は、私ではなく先代の知事からの引き継ぎ事項だ」と言うようになったが、問題の土地の所有者の東京ガスは、その先代の時には「汚染のひどいあの土地は売れない」と言って、「売らない」と言われていたものを買い取ったのは、彼の都知事だ。

あまりにもひどい土壌汚染の実態が明らかになった時、「どうするんです?」と記者に言われて、「科学技術で解決出来るから大丈夫」と言った。

突然、「夢が必要だ」と言い出して、オリンピックの開催地に東京を立候補させた。その時には落選したけれども、東京オリンピック招致は次の都知事が引き継いで実現した。「オリンピックは東京に必要な夢か?」と突っつけば、今や怒られるだけだろう。とんでもない無駄金遣いなのに。

中国船が尖閣諸島に接近してそのへんな船長が上陸し、日中で尖閣問題がクローズアップされてしまった頃、「尖閣を買って都有地にしてしまう」と言い出して、更に大きな波風を立たせたのも彼の人だ。そうして都知事がいやになって、国政に復帰するため、いずれ政治資金規正法に引っかかって公民権停止になる有能な副知事に知事職を投げ出してしまうし。投げ出した彼の都知事の後は、任期中に不祥事を起こして辞めざるをえない知事が二代続き、しかも、その辞め方がすっきりしない。「辞めりゃいいんだろ!」で、疑惑を明らかにせず辞めて、その後は沈黙だ。

国政に復帰したはずの彼の元知事は、やがて政界を引退して、党の公認をもらえず単独で立候補した女性の現都知事を「厚化粧の大年増」と罵り、その後どこか体を悪くしたようで、毎日歩行訓練をして、豊洲のことを聞かれると、「知らない」「覚えてない」としか言わない。

豊洲新市場の「問題」が明らかになって、改めて、二十一世紀の今までは、「実行力」を口にするずいぶんと下品な人達の時代だったのだなということが明らかになって、「実行力」を声高にする政治というのは、強権的で聞く耳を持たず、その場限りのものなのだなと分かった。だから、トランプ政権の行末も想像がつく。改めて、冷静さを忘れるととんでもない結果しかないということですな。

二〇一七年三月

国会は裁判所ではないでしょ

二〇一七年七月に加計《かけ》学園問題で、衆参両議院の閉会中審査の予算委員会が開かれた。都議選後の内閣支持率急降下を受けて、「支持率低下を食い止めなくちゃ、上昇させなくちゃ」と総理大臣周辺が思ったのかどうかは知らないが、初めはなんだかんだ言って渋っていた閉会中審査が開かれた。

しかし実のところ、「総理周辺が支持率の急降下を危ぶんで、国会の閉会中審査を了承した」と言っていい証拠なんかはないのです。閉会中審査の予算委員会で、誰も「総理、なぜ閉会中審査を了承なさったんですか?」と聞いてもいないし、たとえ聞かれたとしても、「私は閉会中審査をやれだのやらないだのと言っていません。国会の求めに応じてここに出席しているだけです」と言ってしまえばそれまでです。「なんだって初めはいやがっていた国会の閉会中審査をやることになったのか?」ということに関する真相は謎のままです。誰か「なんで閉会中審査なんかやることになったんですか?」と総理に聞いてみればいい。きっと面白い答が返って来ると思うんですよね——それが「私は知りません」であるにしろ。

でも、政治の世界ってのはそういうもんですよね。そこに存在するはずの「はっきりした理由」は見えない。見えないが、「閉会中審査をやるってことになったんだから、〝なぜやるか〟の理由なんかどうでもいいだろう」ということになってしまう。でも「内閣支持率の回復のためには、閉会中審査を了承せざるをえないでしょう」というのは、ちょっと考えれば誰にも分かるし、「それ以外に答はない」ということも、その話を聞かされた多くの人間は納得してしまう——「ああ、そうなんだろうな」と。

それが政治の世界で、国会は裁判所じゃないんだから、細かい証拠・証言の積み上げや、その認否なんかは、「どうでもいい」と言ったら言い過ぎだが、なにかを決定する力をそれほど大きく持たない。どうしてかと言えば、そこに「有罪かどうか」を決定する裁判官がいない。国会に呼ばれた参考人は、嘘をついても偽証罪に問われない。ただ「嘘をついた」ということがバレたら後になって裁判所送りのややこしいことになるから、疚《やま》しいことを抱えた人間は、明確に曖昧なことを言う。

これが証人になると、「うっかりしたことを言うと偽証罪に問われますよ」になるが、

「偽証罪！」のジャッジを議会がするわけではない。議会は「偽証罪として告発」して、裁判所に仕事を引き渡すだけで、そうであっても「偽証罪として告発する論拠はあるのか、ないのか」という議論は必要になる。そして「彼は偽証していた」ということを指摘して、一体どんな解決になるんだろうか？

たとえば「加計学園問題」というような大きな広がりを持ったケースで、加計学園の理事長と現職の総理大臣が以前から長い友人関係にあって、だからこそ総理は加計学園に対して便宜を図った（のではないか）という疑惑を解明するのが中心命題であるような中で、たかが官僚・大臣程度の人間が「知りません」と嘘をついたということだけが判明しても、「だからなに？」でしかない。

国会には、「そこでいい加減なことを言うのは、政治家として恥」という原則があるはずだ。偽証罪かどうかをジャッジするのは裁判所だけれども、「なんだかいかがわしい」というジャッジをするのは国民で、恥を知るのが政治家なのだ。だから、内閣支持率は下がる。下がったって、総理自身が「辞める」と言わなければ総理のままでいられるのが今の政治状況なんだから、支持率の低いまんま総理大臣をやってればいいんじゃないかと思う。今の日本人にとって、内閣の支持率が低くて不支持率が高いというのは、「嫌われている」ということで、「嫌われながら総理大臣をやる」というメンタルがどれほど続きますかね。

「閉会中審査をやる」と言えば、それ以前の不都合は全部解消されて「総理の説明」がすんなり通るとお思いかもしれません。確かに日本国民は、なにかが起こると「それ以前のこと」を全部忘れてしまうのかもしれませんが、思い出すことは出来るんですね。

「都議選に自民党が敗れて内閣の支持率が下がったから閉会中審査をやる」と言っても、なんで自民党が敗れて内閣の支持率が下がったんですかね？　共謀罪を新設する法案を無理矢理会期末に通して、共謀罪に関する抗議も加計学園問題も「国会が終わっちゃったんだからもうおしまい」にしちゃったからですね。その前に、森友《もりとも》学園問題という不明朗があったからですね。森友も加計も、どちらも「総理大臣の関与があった」とすると、「なるほど」でモヤモヤはみんななくなっちゃうんですけどね。「証拠があるのか」って言ったって、国会は裁判所ではないんでね、「あ、そうか」で内閣支持率は下がるんですね。

二〇一七年九月

おもしろくすることを考えればいいのに

私は知らなかったんですけど、去年の秋に来日したアメリカのトランプ大統領と日本の安倍晋三総理大臣が、二人で仲良しゴルフをした時、安倍晋三氏は素っ転んだんですってね。バンカーに入ったボールを出すために結構深いバンカーの底に下りて行って、ボールを外に打ち出したはいいけど、ご当人はバンカーから出ようとして斜面を上りかけ、砂に足を取られてバタンと素っ転んでしまった。

「そんなことあったの?」と、その話をしたウチの助手に聞いたら、「多分、ほとんどの日本人はそんなこと知らないと思う」という答が返って来た。

彼によると、そのシーンを撮った映像は存在していて、テレビ東京のニュースで一度だけ流れたが、他ではどこもそんな映像を流してないという。外国のサイトではその映像が流れているのだが、日本のインターネットサイトにはない。誰かがその映像をユーチューブに上げようとするのだが、そのたんびに削除要請が入って映像が出なくなる――それでほとんどの日本人は知らないのだというんだそうだ。「だったら中国とおんなじじゃん。日本の報道の自由のレベルが外国に比べてぐんと低いというのは、こんなことなのか」と思ったら、ああだこうだとやって外国のサイトと接続した助手が、「これ」と言ってその映像を見せてくれた。

ドローンだかヘリコプターだか知らないが、空中撮影の俯瞰《ふかん》映像で、まずそのことに驚いた。「こんなことやってていいの？ テロリストが上から狙うなんてことを想定したら、こんな映像撮れないいんじゃないの？」と思ったが、上から撮られてるんだからしょうがない。

そこで、我が国の首相の倒れ方だが、「あれ、お気の毒」と言いたいような倒れ方で、あまりおもしろくない。「ただ倒れればおもしろい」というわけではない。倒れた瞬間「あ、大丈夫ですか」と駆け寄りたくなる転《こ》け方もあるし、「あまりのことに、心配するより先に笑っちゃった」というような転け方もある。運とか「転ける才能」とかもあるけれども、日本の首相の転け方は「あ、大丈夫ですか」の方で、あまりおもしろい転け方ではない。「ただ真面目で単純におもしろみのない人は、転けてもおもしろくないな」ではあるのだが、それに比べて彼《か》の国の大統領はさすがだった。役者振りが違うというか。

後ろの蟻地獄状の穴の中で「盟友」なのかもしれない日本の総理大臣が素っ転んでいるにもかかわらず、振り向きもしない。日本の総理がバンカーに入ってったんだから、ちょっとくらい立ち止まっててもいいんじゃないかとは思うが(なにしろ二人っきりでコース回ってんだから)、待ちもしない止まりもしない。振り向きもせず、「私の周りは平和で何事もない」という例によっての「自分ファースト」でスタスタと先に行ってしまう。ロングの映像のそこにだけ、唯我独尊な大統領の顔がアップで重なるようで、現在の日米関係のあり方をまんま表明するようなものだ。転けたのは安倍晋三だが、画面の主役はトランプで、日本の総理大臣は、傲慢でなんにも考えないアメリカ大統領の脳天気振りを映す映像の脇役でしかない。この映像をオープンにした時、日本人の多くは、アメリカ大統領の意図せぬコメディアン振りにあきれて笑うんじゃないかと思うんだけども、削除要請をする日本のどこかの方は、そういう風にこの画面を見ないんだな。

もしかしたら、「総理の失態」を隠すのではなく、「日本がアメリカに無視されている」という構図の方がまずくて、それでオープンに出来ないのかもしれないが。

まァ、そういう映像を見せられて「あららら」と思った次の日、どういう因果かニュース画面に安倍総理大臣が出て来ました。「地方の振興にはSNSを活用するのだ、それが一番いい」ということで、ご自身も早速インスタグラムを始められたという。その画面がテレビに映ったけど、最早終了したテレビ番組に出た時の写真二枚が、まるで選挙ポスターのように並んでいて――並んでいるだけで、すかさずネットユーザーは「つまんない」「工夫が足りない」と突っ込んでおりましたが、せっかくインスタを始めるんなら、バンカーで転んだ写真と、後を見ずにスタスタの米国大統領の写真二枚を並べて、「転んじゃいました」「彼はなに考えてんでしょうね」というコメントもくっつけた方がいいと思うね。その方が、国民の人気は上がると思いますね。「あ、正直だ」とか「好感が持てる」とかね。

へんに気取って取り繕うからいけないんだ。へんに大見得を切って、「私は後ろめたいことなんかなんにもしてない！　もしそんな事実があったら辞める！」なんてことを言うから、引っ込みがつかなくなって「隠蔽体質」なんてことを言われるんだ。オープンな自虐体質の方が、今はうけますけどね。

二〇一八年二月

世界で七十二番目

もう忘れられているかもしれませんが、日本の報道の自由度は世界で七十二番目だそうですね。前はもっとずっと上だったのに、安倍内閣が特定秘密保護法や安全保障関連法案を提出するようになった頃から急落したという。でも私は、政権側の締め付けで報道の自由が制限されるようになったとは、あまり思わない。今の日本人は「報道の自由が制限されるような圧力をあいつがかけている」という種類の、個人の悪の噂はわりと好きで受け入れているから、「そういうことをやりたがってるレベルの低い人間がどこかで増えてはいるんだろうな」ということは分かる——それが分かる程度の報道の自由はあると思う。「日本の報道の自由度は世界で七十二番目」というのは、外国人ジャーナリストの決めたものだから、日本人の感覚とは微妙に違うものであるかもしれない。

安倍内閣やその周辺が報道の自由を制限したがっているというのは分からないでもないけれど、果してそれが成功しているのかどうかは分からない。なにしろ安倍内閣の支持率はそんなに下がっていない。去年の夏の安保関連法案が国会で審議されていた頃には支持率が少し下がったけれども、もしかしたらその下がった理由は、「国会の周りでデモをしている人達が一杯いるから、少しはNOと言っといた方がいいんじゃないんだろうか」とある程度の数の国民が考えたからなんじゃないんだろうか？

安保関連法案が国会を通過してしばらくしたら、安倍内閣の支持率は、また元のように戻ってしまった。それは、「喉元過ぎれば熱さを忘れる」のようではあるけれど、そうではなくて、国民のある程度の人達が「みんなあんまり反対してないから、こっちもわざわざ反対しなくていいんじゃないか？」と思ってしまった結果のような気がする。

あまり言われないことだけれども、「自分の考えを言え」と言われた時に、かなりの数の日本人は「自分の考え」をまとめる以前に、「みんなどういう風に言うんだろう？　どう言っとけば間違いがないんだろう？」という正解探しをして、「自分はちゃんと空気が読めている人間だ」という自己表明をしているように思う。

日本の新聞がはっきりした物言いをしなくて、「ここら辺が公正中立の着地ポイントだろう」という判断で記事を書いていて、それが外の国での「言論の自由」とはズレているにしろ、国民に対して「この内閣の提出するこの法案にはこういう問題点がある」ということをきちんと説明し始めたら、読者の多くは面倒臭がるんじゃないのかと思う。今のメディアの最大の問題というか困難は、「受け手に関心を持たれないようなことをやって、逃げられたらどうしよう？　経営の危機だしな」というところにあるように思う。

時々新聞を見て「なんでこんなどうでもいいようなページがあるんだろう？」とは思うけれども、読者に「少しは考えて下さい」と訴えるような紙面が続くと、読者はいやがるのかな、とは思う。寄附を募るような善意のニュースになら反応しても、「じゃ、自分はどうすればいいのか？」を考えさせるようなものだと、「どう考えればいいのか」ではなくて、「どうすればいいのか」という具体的行動が発見出来なくて、「めんどくさいから知らない」になってしまうのではないだろうか？　新聞に限らず、ニュースというものが「今日はこういうことがありました」で収まってしまう、予定調和的な「情報提供」になりつつあるような気はする。

伊勢志摩サミットが閉幕する時、日本の総理大臣は「今や世界の経済状態はリーマンショック直前の状況に似ている――これは各国首脳に了解された」と言って、その後に用意される「消費増税延期表明」の伏線にしてしまった。それがイギリスのＥＵ離脱を予言していたことだとは思わないけれど、外国の新聞が「リーマンショック前に似てるって、ホントかよ」という明白な意見表明をしてしまったのに対して、予定調和の日本の新聞は「安倍首相はこう言った」で止まっていた。テレビの報道だと意地悪く皮肉るけど、真面目な新聞にそれは出来ないし、多くのところでテレビに影響されているにもかかわらず、多くの日本人はテレビをあまり「真面目なメディア」だと思っていなくて、皮肉というものを「まともな意見」として処理出来ない。

それで「日本は世界で七十二番目だな」とは思うのだけれど、新聞の見出しに大きなクエスチョンマークを付けるのって、タブーなんだろうか？ 「リーマンショック直前に酷似？」とやっただけで、かなりの主張は出来る。「酷似」が本当かどうかよく分からないことは事実なんだから、その「事実」を伝えるに関して歪曲はないことだし。もう少し流動的になったらどうなんだろう？

二〇一六年八月

「不徳の致すところ」で辞める

四十年ばかり前に糸井重里さんと対談集を出して、その中で私は「作家になって忖度《そんたく》とかの言葉を使えて嬉しい」なんてことを言ってるわけですね。それに対して糸井さんは当然「そんな言葉なにに使うの?」と言うわけです。それが、四十年くらいたつと流行語になっちゃうんですね。こないだ彼に会った時に「覚えてる?」と言ったら、「覚えてる」の答が返って来ましたが、私自身もなんだって「忖度」などという言葉を持ち出したのか、謎ですね。ただ、「使えて嬉しい」というか「使えるようになって嬉しい」と言っていた私が、その後に「忖度」という言葉をどれだけ使ったかは疑問ですね。『双調平家物語』なんかで使ったはずだけれども、なんか、障子の隙間から覗き見してるような卑しさがあって、積極的に使いたくなるような言葉ではないですね。

例の森友学園問題で「忖度」がやたらと問題になるけれど、「忖度」の卑しさは証拠が残らないことですね。

他人に「忖度」を要求するような人間は、絶対に「忖度しとけよ」なんてことを言わない。これは、当事者が使うような言葉ではない。AがBに「忖度しろよ」的なことを言って、言われたBがなにを言われたのか分からない時に、かたわらにいるCなる人間が「忖度だよ」と囁くような形でしか使われない。「忖度」というのは、サ変動詞になって「忖度する」という表現が可能になっても、この動詞は「私が忖度した」「彼に忖度させた」という形では使われない。使っても意味がない。これは「そこに忖度があった」というような状況説明でしか使えない言葉だ。

えらい人が小狡いことをやって、それがバレそうになった時、周囲の人間に「俺はなんにも悪いことしてないよな」と言って、それに対して「はい」という答が返って来た時、そこにもう「忖度」は生まれている。「はい」と答えた人間は、その言葉に従ってさっさと隠蔽工作を始めてしまうから。その隠蔽工作がバレたとしても、バレたのは「隠蔽工作」だけで、そこに「忖度」があったなどという証明は出来ない。そこにあったのは、「俺はなんにも悪いことしてないよな」「はい」という会話だけなのだから。

「他人の胸の内を推《お》し量《はか》る」が「忖度」なのだから、「忖度」には実体がない。「忖度」自身は曖昧模糊としていて、「忖度して○○をする」になって、やっと実体が生まれる。でも、「忖度」は「〇〇をする」になるための媒介だから、実体が生まれてしまった時に、「忖度」はどうでもよくなって消滅してしまう。森友学園への国有地売却問題で、やたらと「忖度の有無」は言われるけれども、それを立証するのはむずかしい。

「『この問題に私や妻が関与しているなんてことになったら、私は総理の職も国会議員も辞職する』なんてことをおっしゃったので、『そうなったらいけない』と私が忖度して隠蔽を致しました」と言う人間が出て来たって、当の総理大臣が「私は『隠蔽工作をしろ』などと言った覚えはない。そういう工作があったとしても、それは彼の勝手な忖度《おもいこみ》で、私とはまったく関係がない」と言ってしまえばそれまでですわね。「忖度を立証する証拠」などというものはない。

　証拠のあるなしで言うと、「ない」ですわね。でも、森友問題っていうのは、そういう問題なんでしょうか？　森友問題に限らず、加計学園の問題も含めて、これはモラルの問題ですわね。だから「種々の不明朗」というのが明らかにされて、「しかしこれは、総理大臣や総理夫人に直接結びつくものではない」ということになりかかって、でも大多数の国民は「そんなことはないだろう」と考えている。

　財務省の理財局が決裁文書の改竄をして、それが「総理周辺への忖度」だと言われて、でもその証拠は出て来ないだろうと言われて、でもだからといってそれで国民が納得するわけでもないのは、これがモラルの問題だからですわね。

問題は「総理あるいは総理周辺が忖度を求めた」ということではなくて、「総理あるいは総理夫人に対する忖度が、総理自身とは無関係に（まァ、ホントは無関係かどうかも分からないけど）起こってしまった」ということなんですね。だからモラルの問題としては当然、「忖度などという勝手なことをさせてしまって申し訳ない」という一言があってしかるべきでしょうね。そういうお立場なんですから。財務省の理財局に責任をおっかぶせるのなら、「そのような不祥事を生んでしまったのは、私の不徳の致すところで」と言って、自分も総理大臣を辞職するのがいいんじゃないでしょうかね。「ああ、立派ななされようだ」と、人は賞賛しましょうね。折柄、北朝鮮と中国が急接近して日本は蚊帳《かや》の外に置かれていて、予算案も成立しているんだから、これはもう絶好の「政治空白」ですわね。

二〇一八年五月

すごい人達

もう何年も前のことですが、某製紙会社の創業者一族の御曹司で会長になっていた人が、「カジノで百億円以上の金を使ってしまった」というかなり派手なスキャンダルを起こしたことがございました。「会長」っていうからジーさんなんだろうなと思っていたら、そんな年でもなかった。「カジノで百億円も使う若き会長」っていうんだから、バカなんだろうなと思っていたら「東大法学部卒」だというんで、「えーッ?!」と仰天した。ところがその彼が押し寄せた報道陣の中を、確固とした表情を変えず平然と歩いている映像を見て、「あ、東大法学部だ!」と改めてびっくりした。

東大法学部は揺るがないですね。子供の時から勉強が出来て、今や唯一の価値基準のようになってしまった「頭がいい」をクリアして東大法学部に入っちゃったから、揺るぎようがないんですね——「そういうことなんだな」と、改めて東大法学部卒を理解した。

その時は、まァそれきりでしたね。私には法学部じゃないけども「東大出」という暗い過去があって、大学に入ってすぐ「ここは自分の来るところじゃなかったな」と思ったくらいで、「揺るぎようのない人」とか「揺るがない人」とは相性が悪い。だって「揺るぎようのない人」と、どう付き合ったらいいいの？　付き合いようがないじゃん——と思っているから、遠い過去のことは思い出したくない。ところが、去年の春、当時は財務省理財局長だった佐川宣寿氏は、森友学園への国有地売却問題で国会答弁に立って、いともきっぱりと「(そういう書類は) ございません。廃棄いたしましたので、ございません」と言ってしまった。

何度突つかれても、顔色一つ変えずに、「そういう事実はございません」の一点張りで揺らぎもしない。「すげェな、ホントに東大出だ」と思った。普通、なんか後ろ暗いところがあれば、少しはブレが出るもんだが、それがまったく出ない。もう「俺は頭がいいんだから、揺らぐはずがない」という芯棒がズンと通っている。「私の言うことは間違っていないんだから、後はそのようにしとけよ」と言ったかどうかは知らないが、何度突つかれても揺らがない。頭がいいというか、勉強がすごく出来る人は、「自分が出した答が間違ってるかもしれない」なんてことは考えない。だから、きっぱりと揺るぎない。

佐川前財務省理財局長で前国税庁長官は、東大法学部ではなくて経済学部卒だけれども、例えば東大法学部卒では、加計学園問題で相談だか陳情にやって来た愛媛県庁の人間に「これは首相案件だ（だから安心しろ）」と言った言わないで問題になった、経済産業省からやって来た首相秘書官の柳瀬唯夫氏ですね。「愛媛県の人間と会ったんでしょ？　首相案件って言ったんでしょ？」と報道陣に迫られても、「私の記憶の限りでは、そんなことない」と言う――というか、そういうコメントを紙に書いて出して、以後は「コメントの通りです」の一点張り。勉強の出来る人だから、紙だけなんでしょうかねと思っていたら、その後にまた「後でコメント出します」という紙に書いて出した人がいた。誰かと言えば、掛け合い漫才風のセクハラ問題が明らかになった、財務事務次官の福田淳一氏ですね。（千鳥かなんかが、唐突に「キスしていい？」ってボケて、「だめじゃ」って返される漫才やんないかな？「オッパイ揉んでええかの？」「癖がすごいィ」とかね）

すごいですね。セクハラで音声データも公表されちまってるのに、「調整してコメント出します」って答え方はなんなんだろ？　逃げ方としては、1. あの声は私じゃない　2. あれはセクハラなんかじゃない――のどっちかなんだけども、どうも福田見解は「あれはセクハラじゃない」の方らしいですね。「あんなスケベなことを言っといて、よくもぬけぬけと」と思われるかもしれないが、もしかしたら彼は、「セクハラ」というものを一般常識とは違う、独自の見解で捉えてらっしゃるのかもしれませんね。法学部に限らず、「俗事に疎い」という傾向が東大の人間にはよくあって、そこに「正解とは俺の知っているものだ」という法学部見解が重なると、「俺の知ってるセクハラとは違うからセクハラじゃない！」という見解も成り立ちまして、なんであれ、東大法学部卒は自分の非を認めて謝るなんてことはしないし、ペラペラと余計なことを喋ったりしない。

今や次官の代理みたいになった財務省大臣官房長の矢野康治氏は、妙に軽く出て来てペラペラ喋るから「法学部にああいうのもいたかな？」と思っていたら、東大じゃなくて一橋大学出だった（ああ……）。援交問題で涙ながらに辞任会見をした米山隆一新潟県知事は、元弁護士っていうから東大法学部だと思ったけど、こちらは同じ東大でも医学部でしたね。医者なら、患者に「どうしました？」って頭下げるんだな。

二〇一八年六月

第四章

思いつきで世界は進む

言うだけなら簡単なこと

世界中でめんどくさいことが起こって大変ですが、よく考えてみるとこの揉め事のほとんどは内輪揉めですね。シリアの内戦がそうで、その派生物でもあるような「イスラム国」によるイラクの混乱も内輪揉めですね。イスラム圏内に宗派対立という内輪揉めを作り出す土壌があって、政情不安定なところがそれで内戦状態になる。長く続いているイスラエルとパレスチナもそうで、もう一つウクライナの問題もある。

ウクライナ問題が特徴的なのは、それが「内輪揉め」の範囲を超えることを慎重に回避しようとしているところですね。クリミアを併合してしまったロシアが、ウクライナ東部の親ロシア派を支援しているか、したがっていることは明白だけれども、ある一線を超えられない。ある一線というのは「戦車を出動させる」ですけどね。

第二次世界大戦からこちら、戦車が国境を越えたらもう「侵略」で「戦争」です。戦争が当たり前の時代には、いともやすやすと戦車が出て来た。ウクライナの場合でも「国境付近にロシアの戦車が待機していた」という話もあって、真偽のほどは定かではなかったけれども、結局のところ戦車は国境を越えて来なかった。戦車を出す代わりに、ロシアは住民投票という手段でクリミアをロシア領として併合してしまった。よそから非難されるのを承知で嘘臭い「民主的手続き」を踏むというのは、もう百年以上の長い歴史を持つやり方ではあるけれど、しかしそれと同時に存在していた、武力による鎮圧は、「我々はまともな国家である」という看板を掲げているところでは、もう出来なくなった。だから、天安門事件の時、自国民に対して戦車を出動させた、隠れた内輪揉め大国の中国だって、もう内乱状態にでもならない限り、戦車の出動はないでしょう。たとえロシアがウクライナに戦車を出動させても、苦しい言い訳が必要になる。

なんでそういうことになるのかと言えば、「外聞の悪さを気にして」でしょうね。まともな国家なら外聞の悪さを憚《はばか》らねばならないというのが、正面切っての武力行使に歯止めをかけている。「国家は一国で成立しているわけではない。国家は国家間の関係の上に成立している」ということがまともな国では定着してしまって、それが抑止力になっている。「だからよかったですね」ではなくて、「だから厄介かもしれないですね」の方に傾いたりするのかもしれない。

わがままは人間の常で、放っておけばとんでもないところまで行く。だから、「それじゃだめだよ」と言われることが、とんでもなくわがままでありたい人にとっては窮屈なことになって、暴発しかねない危険性もある。ただ、そこで暴発してしまえばおしまいですけどね。

数年前、北アフリカの方面で独裁政権が倒されるという事例が続いて、「ネットが民意を結集させた」とか言われましたが、その「ジャスミン革命」なるものが、その後は芳《かんば》しくない。様々に不平を抱えている人達が、「原因はあそこだからあれを倒せ」で一つになるのは、通信手段の発達で可能かもしれない。でも、「倒した後をどうするか?」は、通信手段だけではどうにもならない。倒すためだけに様々な人が一時的に結集出来ても、倒してしまった後では、様々な人の思惑が勝手に走り出すから、収拾がつかない。そして内輪揉めが始まる。そんなことは、遠い北アフリカの例を見なくたって、簡単に分かる。自民党政権を倒すために様々な思惑を持った政治会派が民主党という政党を作って、選挙には勝ったけれどもすぐに内輪揉めを起こして政権の座から転落してしまった例を我々は知ってますから。

「一遍壊れてしまったらどうにもならなくなる」ということを知っているから、とりあえずは「外聞の悪さ」を抑止力にして暴発を回避しようとしている。でも、そのストレスのせいで、時々厄介な事態を惹き起こしてしまったりもする。

「まともな国ってどういう国だ?」というお疑いもありましょうが、「まともな国」である前に「まともな括り」というものがある。「我々はまともな括りの中にいる」と思えばこそ、その括りの中で様々な思惑がぶち当たって内輪揉めが起こる。「国」というのはその括りの一つでしかなくて、世界中が厄介なことになっているというのは、内輪揉めならどこにでも起こりそうで、でもその内輪揉めを解決するのはそう簡単じゃないからですね。

内輪揉めの解決は話し合いしかない。話し合いで双方が譲歩して妥協するしかない。そして、ここで一番重要なのは「力ある大きなものほど大きく譲歩する」ということで、これがなければ話し合いなんかまとまらない。

それだけのことなのに、「力ある大きなもの」は「より大きな譲歩」なんかしないんだ。言うのは簡単でも実際はだめというのは、こんなことですね。

二〇一四年一〇月

フィクションが襲って来る

もう十年ばかり前になってしまうのかもしれないが、「週刊スターウォーズ百科」なるものが刊行されていた。真面目な人には関係のないものだろうが、そこには映画『スターウォーズ』の舞台となった遠いどこかの銀河の歴史まで載っていて、シスが誕生したのはとても古いとか、エピソードⅥで新しいデススターが破壊され皇帝が死んだとしても、まだストーリーは終わらずに、ルークやレイアの子供達の時代になっても戦いは続いていて、やっと「ひとまずの平和」は訪れるが、そこに別の銀河から新たな敵がやって来るということになっている。

その「敵がやって来る」というところで「週刊スターウォーズ百科」の歴史は終わるのだが、「別の銀河からやって来る新しい敵との戦いが想定される『スターウォーズ』の世界は、まだまだ続く」ということで「平和」はそう簡単に訪れないのですが、そのように話を続けるために登場する「別の銀河からの敵」というものは、今までのものとはまったく質が違うんですね。

下らない話で恐縮ですが、ユージャン・ヴォングというのが、その新しい敵となる種族の名前で、彼等は痛みや死を尊んでいて、痛みに堪えながら自分達の身体改造をする。『スターウォーズ』の銀河が、国連のような「惑星連合からなる共和制」だったのに対して、ユージャン・ヴォングは他の知覚生物を軽蔑し、殺戮してしまう。ユージャン・ヴォングは宇宙の創造主である神ユン（＝ユージャン）を崇拝していて、自分達は「神の体の一部を使って神が創造したもの」と信じている。だから、自分達は神聖な種族であると信じて、自分の銀河の他の種族を滅ぼし尽した末に『スターウォーズ』の銀河にまで侵略しにやって来たと。

そういう「続き」が想定されていると知って、「なるほどね、新しい展開で〝新しい敵〟だから、よっぽどへんなものを考えるしかないと思って、へんなものを出して来たな」と思ったのですが、それと同時に「イスラム過激派の恐怖というものは、アメリカ人にとってそのような悪夢にもなりうるものなんだな」と私は思いました。なにしろ、9・11のアメリカ同時多発テロの後になって登場したものがユージャン・ヴォングなのですから。

ユージャン・ヴォングというへんなものを一方に置いてみると『スターウォーズ』を生み出す——そして世界的ヒットとして迎え入れられるものの思想構造が分かる。

ユージャン・ヴォングは明らかに一神教だけれども、それを「まったく異質な種族」とするのだから、意外なことに『スターウォーズ』の銀河は一神教の世界ではないことになる。なるほど、そこに「フォース」は存在して「フォースの暗黒面」も存在するけれど、そこに「神」は登場しない。根本原理は「メイ・ザ・フォース・ビィ・ウィズ・ユー」の自分信仰だから、そこは「宗教を克服してしまった銃を持つカウボーイ達の西部劇の世界」だ。銃を持ったカウボーイの世界には、平和を維持するための国際連合があるけれど、自分達を絶対視するユージャン・ヴォングの世界にそんなものはない。『スターウォーズ』の世界は、我々にとっては馴染みのある世界だが、ユージャン・ヴォングの世界は「それとはまったく異質であるように」という前提で想定された逆の世界だ。そんな世界との戦が始まってどうなるのかという話は「週刊スターウォーズ百科」の中には書かれていない。「それが登場する」という可能性段階で止まっているが、「イスラム国」というものになってしまったイスラム過激派は、もう勢力を拡大するユージャン・ヴォングのようなものになっている。

「国」を名乗りながら「イスラム国」は他国から国家として承認されることを求めていない。「国家とは、戦い続けて領土を獲得し続けるものだ」という、古い時代の大帝国の幻想を追っている。当然、国連の勧告なんかには耳を貸さないから、勝つためにはやりたい放題で、有毒ガスだってばら撒く。「内政によって国家は成り立つ」ではなくて、「戦いがある限り我が国家は成り立ちうる」だから、平和よりも戦いを求めて、「戦いを続けるためのスローガン」は必要になるから、「聖戦」という言葉も登場するけれど、「イスラム国」の仕掛ける戦いは宗教戦争ではないだろう。宗教がからむのだとしたら、それは「もうそんなに宗教に頼らなくなった豊かな人達」と「宗教を拠り処とせずにはいられないある種の人々」との間の戦争という一点だけだろう。

イスラム過激派の攻撃は、初め世界経済の中心と目されたニューヨークのワールドトレードセンターの破壊から始まった。貧富の差という要因は明白にあるけれど、容易に埋まらない貧富の差が、「イスラム国」というグロテスクなファンタジーを生んだのだろう。世界はこれをどう処理するんだ？

二〇一四年一二月

それは「表現の自由」なんだろうか？

金正恩《キムジョンウン》暗殺計画を題材にした（観てないから分からないけど〝たぶん〟付きの）コメディ映画の配給会社が、（〝北朝鮮からのだろう〟と言われている）サイバー攻撃を受けて、「なにが起こるか分からないから」という理由で、一度は公開が断念されそうになった。最早「旧聞に属する」の話ですけれども、アメリカではそれで「表現の自由を守れ」という声が起こって、骨のある一部の劇場主は「ウチはやるよ」と公開してしまった。そうすると、劇場の前には「表現の自由を守りたい人」を中心にする行列が出来て、でも私は、観てもいないのに勝手に「きっとつまんない映画なんだ」と思っている。案の定、行列を作った人の中の「世の中を斜めに見る」ことに長《た》けていそうな、（分類上は〝若い〟に属すると思われる）男が、「まァ、それほどひどくはなかったけどね」とインタヴューを受けて言っていた——というニュース映像を見た。

「表現の自由を守れ！」運動に参加する人は、その「表現」の中身をあんまり見なくて、

「そういうんじゃなくてちょっと見に来ただけ」系の人の方が、内容に関して正確なジャッジをするということが、時々ある。だから、真面目に考えすぎると見当違いの方向に行っちゃうんだけどな、と私はちょっと身を引いて思う。

それで、イスラム過激派がフランスの新聞社シャルリ・エブドを襲撃した事件なんですけどね、とんでもない数の人間がパリに集まって「表現の自由!」を訴えるデモをしたけど、やっぱり私は、ここに「表現の自由」っていうスローガンが出て来なくちゃいけないのかな? と疑問に思う。「テロを許さないぞ!」だけのデモじゃいけないのかなと。「シャルリ・エブドはタブーを恐れず宗教にまで諷刺の矛先を向ける」っていうけれど、でもそれは「もう宗教にそれほど寄りかかる必要のない人達」の間で成り立つことで、そうではない「宗教に生きる基盤を置いている人達」にとっては、その開祖をいわれもなくからかわれるのは、諷刺ではなく、冒瀆であり暴力的な「攻撃」になるはずですけどね。

いつの頃からか「イスラム教ってなんだ?」というような関心が高まって、それは当然、9・11のアルカイダによるアメリカ同時多発テロ以来のことだけれど、「イスラムを分かる」ということと、「過激派の謎を解く」というのは、一つではないと思う。「イスラム国」に対して欧米諸国が空爆を仕掛けて、欧米諸国といえば「キリスト教圏」だからなんとなく「宗教戦争」のような感じもして、だからこそなおさら「イスラムってなんだ？」という関心も高まるんだろうけれど――過激派の方は「聖戦《ジハード》」と言って「宗教戦争」にしているけれど、でも実は「宗教戦争」ではないですね。これは「不思議に宗教がからんでいる戦争」でしかないのだと思う。

今や世界は「宗教をそんなに必要としない人達」と、「拠り所としての宗教を必要とする人達」の二種類から出来ている。「宗教」というものを基準にして分ければそうなるのが当然で、対立があるんだとしたら、「イスラム教vs.他の宗教」ではなくて、「イスラム教に拠って生きる人達vs.もうあまり宗教を必要としない人達」になるんだろうと思う。

有名なキリスト教の教会や寺院がいくらでもあるのにもかかわらず、フランスは「もうそんなに宗教を必要としない人達の国」で、だからこそ「宗教出て来るな」という態度を取る。「世俗主義」というのはそういうことですね。

フランスの学校に通うイスラム教徒の女の子達が、「髪の毛を隠せ」という戒律に従って頭にスカーフを巻いているのを、「それをしてはならない」という法的規制の対象にしてしまうのはその例の一つで、「もう宗教を必要としない人達」からすれば、「宗教色なんか公共の場に持ち込むな」になるけれど、「宗教を必要として宗教の中に生きている人達」にとっては、「信仰を捨てろ」と言われているのに等しい。

「もう必要としない」の人達からすれば、「まだそんなものを必要としている人達」は侮蔑の対象になる。しかしそこに「表現の自由」を持ち込んでもいいのかどうか。

かつて「宗教は麻薬」と言われて、宗教から自由にならなければバカだくらいに思われていた。今でもまだそんな考え方をする人はいるだろうが、でもこの地球の上にはまだいくらでも「宗教を必要とする人」がいる。私には宗教心がないので、「人はなぜ宗教を必要とするのか」がよく分からない。でも「生きて行く上で宗教を必要とする人」が存在することは分かる。それはつまり、「自分とは違う種類の他人がいる」と理解することだから。「宗教戦争」でいうのなら、イスラム過激派とグローバリズムは、「人はみんな我々と同じであればいいのだから、我々のようになれ！」と言っている点で対立関係を構成する、同じような信仰だとも思える。

二〇一五年三月

秩序と国家

「ウクライナ紛争をなんとかしなきゃ」で各国のリーダーが集まった時、ロシアのプーチン大統領は会見で「ソ連崩壊後に西側諸国が作り上げた秩序をなんとかしたい」というようなことを言っていた。私の記憶が曖昧なせいでなんのことやらよく分からないのかもしれないが、「秩序」という言葉を使ったプーチンが、「ソ連が崩壊した後、ロシアは仲間はずれにされている」と思っていることは確かだ。

ソヴィエト連邦を形成していたロシア以外の国は、ほとんど西側に走ってしまった。ソ連邦が崩壊し、ロシアの国内がボロボロになって、「進歩派」だけど無能でアル中のエリツィン大統領の片腕となった二十世紀末以来、プーチンは世界のリーダーの中で最も長い間、指導者のポジションにいる。各国離反の中で「ロシアをなんとかしなくちゃ」と思っているプーチン大統領は「西側的秩序」に行く手を塞がれている、最も孤独なリーダーだろう。結局のところ「軍事大国」でしかなかったソ連邦中のロシアは無器用で、中国のように「世界の工場」にもなれず、経済発展を武器にしてうまく立ち回ることも出来ない。

うっかりすれば暴力的になるロシアは、みんなから警戒されあまり近づいてもらえない。どうやらロシアには「損して得を取る」という考え方もないらしいから、交渉事でも強面《こわもて》になって、「自分が損をする」と思えばすぐにないことにしてしまう。「物事を解決するためには戦車を出動させる」という時代は過去のものになってしまったので、思うにまかせぬことだらけなんだろう。だから、行く手を塞ぐ「秩序」への苛立ちは相当なものだろうし、「その秩序に対して、こっちも新しい秩序を作ってやる」で、へんな「紛争」の背後にいたりもするのだろう。それで、「秩序」という言葉は、今の時代のキーワードでもあるんだろうなと思った。でも、「秩序」という言葉は、簡単に侵略のための用語にもなるものだ。日本だって昔、「東亜の新秩序建設」と言って、アジアの侵略を進めたし。

「秩序」が「守れ」という意味と「攻めろ」という意味の両方の顔を持つのは、なにを基準にして「秩序」が求められるかということがあるからだ。既に出来上がっている「全体」の中で「自分の取り分」を得るのは「秩序を守る」で、「自分」を中心にして「自分の取り分」を取って行くのが、「新しい秩序を作る」だ。時代は今、いろんなところで「新しい秩序を作るんだ!」という方向に動いているらしい。中国の海洋進出とか、ウクライナ紛争とか、「イスラム国」とか。「既成の打破！」っていうのも、「新秩序の建設」ですね。

「自称〝国家〟のISを〝イスラム国〟なんて言うな、ISのままにしろ」とは言いますが、「IS」のイスラミック・ステイトを訳せば「イスラム国」になっちゃうんだし、ただ「IS」と言われると、一瞬なんのことだか分からない。「国家を自称したって、そう簡単に〝国家〟にはなれないんだぞ」という意味でも、カギカッコ付きの自称「イスラム国」でいいんじゃないかと思う。

「イスラム国」が「国家」になるのはむずかしいですよね。あのままなら、周りの国がどこも「国家」として承認しない。国家対国家で外と接することが出来ないから、「国境」が持てない。どこまでも広がって、世界中を一つの「自分の国」にするしかない。そういうことも「イスラム国」は言ってますが、そうなるためには「戦い続ける」ということが必要になる。戦うだけで国内産業を疎かにしたら悲惨になるということは、もうよその国が立証してしまっているし。

仮に万一「イスラム国」が世界を統一しても、その統一を維持するための膨大な警察力が必要になって、「国家」の体をなさないような荒廃が訪れる。これも旧社会主義国に前例がある。そもそも、内乱を抱えたままでは「国家」になれない。「内乱」になるのは、それが「国家の中」で起こるからで、内乱は一度「国家」を形成したその後でなければ起こらない。シリアという国家があるから「内乱」は起こるが、「イスラム国」はその「シリアやイラクの内乱の一部」でしかないようなものだから、まだ「国家」ではない。「国家を形成したい」という希望を持っても、「国家」のなんたるかを理解していなければ、その「希望」も惨憺たるものに変わる。その前例もまたいくらでもある。

二十世紀を通して、革命というものがあまりいい結果をもたらさないものだということははっきりしてしまった。重要なことは、悪い支配者を倒すことではなく、悪い支配者を反省させることで、「あなたが反省しなければ、あなたのいる世界が滅びる」ということを理解させることだが、そんなことはもちろんむずかしい。子供の理屈のようなものだけれど、「子供の理屈」の正しさを考えるべき時なのかもしれない。

二〇一五年四月

イスラム原理主義の向く先

二〇一五年十一月のパリ同時多発テロ以来、世界は全面戦争の状態を呈して来た。テロ攻撃で多数の死者を出したフランスのオランド大統領は、ただちに「イスラム国」への空爆を強化すると表明して実践し、パリ同時多発テロ以前に起こった、ロシア人を乗せてエジプトを出発した航空機の墜落が「イスラム国」の仕業であると断定されるや、ロシアのプーチン大統領は「草の根を分けても犯人を探し出してやる!」的な勢いで、「イスラム国」への空爆を強化した。フランス、ロシアばかりでなく、アメリカもイギリスもその他も、他国を空爆する能力を持った国が、こぞって「イスラム国」に空爆の集中砲火を浴びせている。「最早、全面戦争と言った方がいいんじゃないか」と私は思うけれども、あまりそういう言い方はされない(そんなことを言っていたら、トルコがロシア機を撃墜してしまったが)。

それが「全面戦争」と言われないのは、空爆が中東の一部地域で行われているからだろうか？　それとも空爆能力のない自称の「国」と大国の対決だからだろうか？　あるいはまた、空爆とテロというあまりにも不釣合いな戦いがそこにあるからだろうか？　しかし、「今ある〝イスラム国〟なるものを殲滅《せんめつ》せずして、事態の打開は図れない」という声と、「今ある〝イスラム国〟なるものを殲滅したって、事態の打開は図れない」という声は、同時で等価にある。

「〝イスラム国〟を空爆する」というのは、あえて言ってしまえば、「家の中に増殖してしまったゴキブリを退治するのに、バズーカ砲をぶっ放す」というのに似ていると思う。ゴキブリは死ぬかもしれないが、バズーカ砲をぶっ放された家はメチャクチャになってしまう。今いるゴキブリが殲滅されても、卵が残っていればまたゴキブリは増殖するだろうから、ゴキブリを退治するより、ゴキブリとの共存を図った方が話は簡単だろう。でも今は、バズーカ砲でメチャクチャになってしまった「家」をどうするんだ？——と考えた方がいいだろう。それをしないと、「〝その先〟をどうするんだ？」ということを、誰も考えないというか、考えられない。

めちゃくちゃになってしまったものの「その先」を考えるのなら、めちゃくちゃになってしまったことの「原因」を考えるしかない。中東地域が収拾のつかないくらい混乱してしまった原因は、どう考えても「よその国」がへんな風に介入してしまったからだ。「よその国」というのは、今中東で「イスラム国」に対する空爆をやっている国でもあるけれど。

利権がらみで「よその国」が介入していたから、中東地域には不自然な「直線で引かれた国境」がある（アフリカ地域もまたそうではあるけれど）。「よその国」のへんな介入があっても、第二次世界大戦終了後に「民族自決」の原則で独立した国がなんとかやっていけたのは、そこが族長支配を基礎に置く王制だったからだ。王様がうまい具合に国を統治していれば問題は起こらない。でも、それでも問題は起こるから、ここには軍事クーデターが起こる。今ゴタゴタになっているシリアとか、独裁者フセインのいたイラクとか。しかし、アラビア半島からちょっと離れたイランでは、軍事クーデターとは違う革命が起こった。親米派の国王を追い出してしまったイスラム原理主義革命だ。これによってアメリカとイランの関係は断絶状態になったけれど、新たにイランの指導者となったアヤトラ・ホメイニ師と共に、イスラム原理主義は一挙に知名度を獲得した。

今となっては、イスラム原理主義は西欧世界との対立軸のように考えられてはいるけれど、ホメイニ師のイスラム原理主義革命にまで戻れば、イスラム原理主義は西欧世界と対立するために生まれたものではない。親米派の国王の下で変形してしまった、イスラム教徒であるイラン国民に向けられたもので、「イスラムの本来に帰れ」は、「欧米に背を向けて鎖国せよ」というのに近かった。この時点で、イスラム原理主義は、まだ欧米に顔を向けていない。そして多分、欧米諸国にテロ攻撃を仕掛けても、イスラム原理主義はイスラム圏内の方を向いている。言ってみれば、イスラム圏内での共産主義革命グループのようなもので、掲げるものが「原理」なら、向かう対象は「原理からはずれた」と思われる同じイスラム教徒だろう。これはつまり、「我々はどのようなあり方で国家を形成すればよいのか」に関する模索のようなものだ。でもその方法が「殺戮」じゃしょうがないが。「よその国」の介入を排除して、中東地域にそれぞれの国がまともに存在しうるためには、「イスラムはどのように国家を形成すればいいのか」という、イスラム型民主主義の模索がなければならないと思うけれど、そういうものはきっと、よその国がいなくなった爆風と土煙の先にしかないのだろう。

二〇一六年一月

めんどくさいことを考えたくない病

『スター・ウォーズ』の新作が公開されることになって、この原稿を書いている段階ではギリギリまだ公開されていないのだけれど、やたらのCM映像が流れているのを見ていてふと気がついた。『スター・ウォーズ』の権利はディズニーが買って新作を作ったんだから、『スター・ウォーズ』でお馴染みの冒頭「ダンダン、ダンダン！　ダンダカダーン！」という二〇世紀フォックスマーチとあの映像は流れないんだなと思った。なんだか感慨が深い。最早ディズニーは、エンタメ界最強のファミレスのようなものになったのかなという気がした。世界は、子供を核とした巨大なものに統合されて行ったりするんだなと思っていて、またふと気がつくと、『スター・ウォーズ』新作予告篇の中に、とうに滅亡したはずの帝国軍部隊ストーム・トルーパーが平気で出て来る。「そりゃまたどうして？」と思っていたら、どうやら「帝国の残党が勢力を拡大して――」とかいう話らしい。なるほど、アルカイダの勢力は衰えたが、その過激な血は「イスラム国」に受け継がれたというような世界状況を反映しているのかもしれないな、とは思った。

下らない憶測ばかりで物を言っているのだが、そう言えばで、何年も前、沖縄の米軍基地にオスプレイが配備される騒ぎとなる前、「オスプレイはよく事故を起こして墜落する」ということが言われていた。その頃に公開された『トランスフォーマー3』の中で、やたらオスプレイが撃墜されて落っこちる映像があったので、「これは〝オスプレイは落ちる〟ということを皮肉っているんだろうか?」と思った。私は思想性のない映画ばっかり見ているからそんなことを考えるのだけれども、共和党の大統領候補で最有力の不動産王ドナルド・トランプがバカなことばっかり平気で言っている昨今に、改めてその映画を思い出した。

こうして書くのも気が引けるが、『トランスフォーマー』のシリーズは、宇宙からやって来たいいロボットと悪いロボットが戦いを(飽きもせず)繰り広げ続ける映画なのだが、その『トランスフォーマー3』に「トランプ」の名前が出て来る。悪いロボットがシカゴの市街を占拠して、その悪いロボットと通じた、悪くて愚かな金持ちの人間がいるところが、「トランプタワーのペントハウス」なのだ。昔は「高級マンションの代表例として〝シカゴのトランプタワー〟という固有名詞を使ってるのかな?」なんてことを考えたが、やっぱり「悪いロボットに通じる悪い金持ちの本拠」ということになると、名指しで言われる「トランプタワー」には、それなりの皮肉も込められていると思っていいような気もする。

何年か前だと、それはちょっとしたおちょくりだった。でも、今じゃ時間がたって、そのドナルド・トランプが有力なアメリカ大統領候補の一人になっている。「金の力で」というよりも、言いたい放題のことを言って、その乱暴な発言が、極端であればあるほど「芯を捉えたヒット」のように思われて、支持を集めてしまう。状況がややこしくなって、めんどくさいことを考えなければいけない状況が続いてしまうと、「めんどくさいことを言っているばかりでなにもしていないじゃないか！」という声が広がって、乱暴で短絡した発言が支持を得るようになってしまう。でも、乱暴で短絡した発言で支持を集めている人も、実は「言っているだけ」で、実効策を提示しているわけではない。それなのに、支持をしたがる人は支持をしてしまう。それはつまり、「めんどくさいことが考えられない、考えたくない」というだけの話ではあろうけれど。

フランスでも、州議会の選挙では極右政党の国民戦線が議席を増やしていて、西側首脳があまり元気のない中で、ロシアのプーチン大統領一人が言いたい放題の元気で、「めんどくささを省略した短絡した意見」の方が支持されやすい空気を作り出し、日本の総理大臣も似たようなものだけれど、だからと言って、それでめんどくさい状況がなくなるわけではない。ただ「めんどくさい状況」を一時忘れることが出来るというだけの、「病人に対する気休め」でしかない。

テロ事件が続いて、イスラム教徒や難民を受け入れたくないという雰囲気がジワジワと広がっているけれど、どうして、移民や難民を受け入れた上で、「本当は国を離れたくない人達を追いやっているのは、あんた達イスラムの過激派だ」というアピールをしないのだろうかとは思う。武力で過激派を退治したって、状況が不安定ならいくらでも過激派予備軍は生まれてしまう。そうならないように、「あんた達の欲求不満が、傷つける必要のない人を傷つけている」という教え方をする必要がある。そういうことをしない限り、「めんどくさい状況」は「めんどくさい状況」のまま存在し続けて、事態は一向に打開されないんじゃないかと思うけれど。

二〇一六年二月

部族化する世界

もしかしたら、世界中の政治指導者はバカになっちゃったのかなという気がします。

イギリスがEUから離脱するかどうかの国民投票をやって、「まさか」の離脱になってしまった。キャメロン首相は、「私は首相を辞めるから、離脱に関する交渉は他の人がやることになるだろう」と報道陣に向かって話し、去って行き、自分の胸に付けられたマイクがONのままになっていることにも気付かず、「やった！」の鼻歌まじりでドアの向こうに去って行った。

キャメロンはEU離脱に反対の人だから、「そうか、離脱するっていうのか」になったら、「俺は知らないよ」で去って行くけど、じゃどうして、そういう「まさか」の結果になってしまう国民投票なんかを「やる」という決断をしてしまったのかと言えば、離脱推進派が「やれ！　やれ！　国民投票をやれ！」とせっついたからでしょう。結構な数の離脱派がいて、それにせっつかれるのがいやだから、「じゃやるよ（どうせ離脱なんてことにはならないはずだ——)」で国民投票をやって、「まさか」の結果になってしまった。

そこから「国民投票というものはどんな性質のものになってしまったか」ということを考えることも出来るけれども、それより大きいのは、世界の各国が「国民投票をやれ!」的な二分状態に陥りかかっているということだと思いますね。それが、各国の政治指導者の足許を揺るがせて、「どうしたらいいか分からない」状態を現出させている。「この現実に対してどうしたらいいのか」という前提になる「この現実」が明確に把握出来なくなってしまったから、どうしたらいいか分からない。

アメリカ共和党の大統領候補がトランプに決まってしまったのだって、「共和党員になった大勢の人間が支持しちゃったから」で、共和党の上の方はトランプなんか認めたくない。イギリスの国民投票のあり方と似たようなもんです。

トランプがなろうとヒラリーがなろうと、どちらが大統領になったって、それに対して国内を二分するようなアンチ勢力が存在することに変わりはなくて、そのアンチ勢力をおとなしくさせるような方策を新大統領が持っているとは思えない。その上に、今やアメリカは黒人対白人の対立が鮮明になって、部族社会の方向へ進んで行きそうにもなっている。中東やアフガン、更にはアフリカは、国民国家である前に濃厚な部族社会だから、マフィアの抗争のような部族間抗争が起こって、たやすくテロリストを生み出す温床になる。

中国やロシアには、国内を二分するような争いはない。政治指導者がそういうものを抑え込んでしまうから、国内部族間対立のようなものは「ない」ということになって、国家全体が一つの巨大な部族社会になる。部族というのは、自分達の利益と面子を第一に考えて、「自分達以外の部族との調和」を考えない――というか、「自分達以外の部族との調和の必要性」がよく理解出来ない。「自分達が譲歩する」ということは、「自分達の面子や利益」に反することだから。

ロシアは国家主導でドーピングをやって、それがバレて「国際競技大会やオリンピックへの出場停止」ということになると、「ドーピングをやってなにが悪い！」とか「ドーピングなんかやってない」とは言わずに、「それはよその国の陰謀だ！」と言う。中国が主張する南シナ海の「九段線」なるものに根拠はないという決定が出ても、中国は「そんなことはない！　根拠がある」とは言わずに、「そんな裁定に従わない！」と言う。

私はどういうわけか、ここ何カ月かフランシス・コッポラの昔の映画『ゴッドファーザー』三部作を繰り返し見ている。公開時は「アメリカのヤクザ映画か」と思って興味がなかったけれど、見たらこれは「大学出のマフィアの三男坊が、面子と利益だけで生きている他の部族マフィアに攻撃を仕掛けられ、これを乗り越えるたんびに不幸になって、最後はすべてを失って死んで行く」という映画だった。大学出は、部族社会と戦っても勝てない。大学出が部族社会に勝つ方法は、「戦う」ではなく、「宥和」以外ないだろう。

世界は、部族社会が好きな「戦争」という選択肢を失っている。だから、ヤクザの鉄砲玉みたいなテロリストがあちこちに出現する。戦争に代わる戦いの手段は「経済」で、それがもう限界に来ている。だから、中国は鉄を作り過ぎて困っている。利益偏重ワンパターンの「部族社会が成功する限界」は、歴然とある。ポピュリズムの最大の欠点は、ポピュリズムを選択した人の頭の中に「自分達の幻想の利益」しかないということで、放っておけばこれは破綻する。「部族としての結束」はとりあえず必要なんだろうが、その先で「他との調和の必要性」を学ぶしかないだろう。

二〇一六年九月

明けない夜

衆議院が解散しましたですね――という時期にこれを書いています。二〇一四年の暮れです。この文章が陽の目を見る頃には選挙の結果も出ているわけで、つまらないことを書いてもしょうがありませんが、一方では「大義なき解散」と言われるものが、解散権を発動した人の口から出ると「アベノミクス解散」になって、「他のことは考えるな、私の経済政策のよしあしだけを考えろ」という方向付けも生まれる。大多数の人は「景気は悪くなるよりよくなった方がいい」と思っているから、「少しはよくなったのかもしれない」と思われる首相の経済政策は否定しづらい。だから「経済政策が肯定されたから、私の政策方針のすべてが肯定された」という方向に、解散権を発動した人は持って行きたいんでしょう。でも、「問題は経済政策以外のところにある」と思う人の声だっていくらでもある。野党が「アベノミクス批判」をすると、「問題はその他のところにある」という声は行き場を失ってしまう。「経済」という大きなものを人質に取っていると、好き勝手なことが出来るというようなことであるのかもしれない。「経済を人質に取る」ということと、「国民生活を人質に取る」が同じかどうか（その結果がどうだったのかは分かりませんが）。「とても大きなものを人質に取っている」で言うと、香港の学生デモと中国全人代の対立も同じようなものに思えます。

「香港行政府が中国本土と違う形の統治をするのは認める。でも、香港行政府の長官は、中国本土政府の意向に沿う人物しか認めない」というのは、これを決定した中国全人代の中では矛盾した考えではないんでしょうね。でも、香港の学生達は「我々の意向を反映した候補が行政府長官の選挙に立候補出来ないのは民主的ではない」と抗議をする。でも、自分達の考え方を「矛盾していない」とするのが全人代の中国政府なんだから、自分達を学生デモ隊との間に「対立」が存在することを認めない。そして、本土政府は香港の学生達が「民主化」を要求していることを知っている。これを弾圧すると国外からの非難の嵐が起こることも知っている。だから、学生デモ隊を「秩序を乱す輩《やから》」と言いはしても、これを一掃するために戦車を出すことは出来ない。

一九八九年の天安門事件の時には、まだ「外国から見られている」という意識が中国政府になかったんでしょうね。だから「秩序を乱す輩」に戦車を出して、「戦車を出させた犯罪者」を追いかけることは今になってもやめていない。「秩序を乱す輩」とは、「民主化運動推進派」のことですけどね。

でも、世界の眼が向けられていることを知って、世界から注目されたいとも思って、「我々はもう民主国家をやっている」という建前になっている現在では、香港の学生デモに対して戦車を出せない。だったら、香港の学生デモは、どのような形で「解決」あるいは「終焉」という方向に向かうのだろうか？

学生達が一時的に撤退したとしたって、中国が現在の「中国」のままである限りは、学生デモが再び起こる。起こらないように、行政府が思想教育をしようとしたら、それをきっかけにしてまたデモが起こる。でも、中国政府は絶対に譲歩なんかしない。香港の学生達の民主化要求を一部でも聞き入れたら、中国全土に存在する民主化要求の反政府勢力に火をつけて、収拾がつかないくらいの混乱状態に陥ってしまう。だから中国政府は譲歩しない。中国政府は「中国全土の平らかなる統治」というものを人質に取っているから、譲歩の必要を認めない。それで、香港の学生達と中国本土政府は、永遠に不仲な夫婦の家庭内別居のように、睨み合うことになるのではないかと思い、昔に言われた「明けない夜はない」という言葉を思い出す。

今の中国政府が民主化要求なんてものを受け入れたら、中国政府がバラバラになって大変な騒ぎが起こる。でも、民主化要求を受け入れないままでいても、ろくなことは起こらない。だから「どうせそんなことはしないだろう」と思いはするけれども、今の中国政府には、「民主化されても中国が困ったことにならないように、人民を教育する」という選択肢しかないんじゃないかと思う。

今のままで民主化の要求を容れれば、「自由」を求める人の数ばかりが増えて大変なことになるのは決まっているから、「自由」と同時に「民主的社会を担う責任と義務」を教えるしかない。民主化の後に混乱が待っていて、それを収拾するのは独裁政権だけという下らない繰り返しを脱する方法は、みんなの頭が少しずつよくなるということにしかないように思う。「民主的であろうとなかろうと、まともな社会は自分達が担うことによってしか成立しないから、その義務と責任を自覚する」ということからしかすべては始まらなくて、そういうことが「明けない夜はない」ということなんだろうと思い、それを放棄した時、誰の得にもならない長い夜は長い夜のまま続くのだろうと思う。

二〇一五年一月

隣の国

中国で行われた二〇一五年九月の抗日戦争勝利七十周年記念の軍事パレードのニュース映像を見ていて、改めて気づいたことがある。これを指揮し閲兵する習近平がまったく笑っていないことだ。

ロシアと韓国の大統領を隣に置いて、汚職摘発で子分達をなくしてシュンとしているはずの元と前の二人の国家主席を脇に立たせ、見る者を圧倒するような量の兵器を並べて自らもパレードの車に乗り、得意満面でいていいはずなのに、笑顔を見せるどころか、「なにがおもしろいんだ?」と言わぬばかりのつまらなそうな顔をしている。

よく考えると、その以前から習近平はあまり笑顔を見せない。まったく笑顔を見せないわけでもなくて、訪米して中国の売り込みというかアピールをしている時は、にこやかな表情を見せている。でもそれは、「セールスマンが自分を愛想よく見せるビジネス笑い」と言って言えなくもないと思う。

「愛想笑い」でもあるような「にこやかな笑顔」しか見せない彼が、だからと言って普段は独裁者流の尊大な顔をしているのかというと、そうでもない。彼の基本的な表情は「つまらなそう」で、疲れてしまって表情を作るのを面倒がっている人によく見られる顔だ。

そう考えると、以前の国家主席の二人――江沢民と胡錦濤だって、あまり「笑顔」の印象がない。江沢民には、歴然と「傲慢の色」があった。胡錦濤にそれはいささか薄らいで、代わりに「倦怠の色」が強くなった。習近平は明らかに「疲労の色」だ。中国になにが起こってるんだろう?

中国ではやたらの数の暴動が年柄年中起こっているんだそうな。習近平はすさまじい勢いで、党幹部や官僚の汚職摘発をやって、そうであってもなお「とんでもない事故」が起こって、この隠蔽工作にやっきになっている。そういうことを考え合わせてみると、習近平の「疲れて表情を失っているような顔」の向こうには、「国家を揺るがしかねない中国の危機」というのがあるんだろうなということが、透けて見える。表情を見せない中国の報道官の顔に「傲岸不遜の色」というのが明らかに存在することと比べて考えると、習近平がなにかを擬装してあんな「疲れたような顔」をしているとは考えられない。彼は本当に疲れているんじゃないだろうか?

二十世紀の終わり頃に「これからは中国だ！」と経済関係の人間が揃って叫び出した時、私は「ホント？　それってやばくない？」と思った。市場経済に門戸を開いて「初めての好景気」に驚喜していた中国は、当然のことながら、それ以前に「不景気」を経験していない。それを経験していれば、「不景気に耐える」とか「乗り越える」という知恵も生まれるだろうが、「好景気だ！」と驚喜してそれに慣れて、その状態からストンと落とされたらどうなるんだろう？　広大な黄土の上の砂煙の中にボロをまとった人間達が立ったり倒れたりしている光景が頭に浮かんでこわくなった。

九月に国会を通ってしまった安全保障関連法案は、「中国が攻めて来たらどうするんだ」と思う人達にとっては「必要なもの」であるらしい。あの法案群がそうした事態に対して有効であるかどうかは知らないけれど、今の中国に「戦争」を始める余裕なんかあるんだろうか？「バラバラになった国内を統一するために国民の目を外に向けさせ、戦争を始める」という政策は昔からあるけれど、今の中国でそんなことをやって大丈夫なんだろうか？　現在の中国は「大国」と世界中から思われているけれど、そんな中で世界中の非難を買うような軍事衝突なんかしでかすだろうか？　九月の軍事パレードと、それを演出する習近平の顔を見ていて思うのは、今の中国が必要としているのは、戦闘行為ではなくて、示威行為だろうということだけだ。それによって、「我々は強いんだ、大国だ、安心だ」と国民にアピールをしなきゃならないんだろう。

中国人観光客の「どこでもやりたい放題」のマナーの悪さを見ていて、ハッと気がつく。南沙諸島の埋め立てで「ここは我々の主権内だ」と言って一歩も引かない中国の姿勢は、これと同じなんだと。つまり、「マナーが悪い」ではなくて、「マナーを知らない」のだと。だから、責められて「なにが悪い！」と怒鳴り返す。そういう国相手に必要なことは、軍事行動ではなくて、教育だと思う。どうすれば中国国民に「国際的マナー」を教え込めるのかは知らないが。

シリア方面からヨーロッパへ向けての難民が急増して、「国がやばくなると、国民はそれを建て直せず、逃げ出してしまう」が当たり前になりかかっている中、「中国がガタガタになったらどうするんだ？」と思う。中国から大量の難民が日本へやって来るようになった時、集団的自衛権はなんの役にも立たないと思うけれど。

二〇一五年一一月

アジアの時代か――

平昌《ピョンチャン》オリンピックが終わりましたですね。オリンピック期間というと大体カチンと来ることが多いんですが、今回はなんか「どうでもいいや」感が強くて、「どこもかしこもおんなじ映像流してるな」で終わっちゃったようです（他人事ですね）。「日本、冬季で最多の金メダル！」という騒ぎ方を見ても、「昔から、金メダル取ると大騒ぎだったなァ」と思うくらいですね。

なんでこんなにも気乗り薄かという、第一はアレですね。北ですね。始まってしばらくは、「あの人はなに考えてんだ？」と韓国の大統領の顔が頭に浮かんで、焦点が合わなかった。そりゃね、目的を隠し持った暴力団の方が交渉事はうまいでしょうね――というようなことを考えていて、「オリンピックも変わって行くんだな」という気がした。

冬季オリンピックの競技って、普通の靴じゃだめでしょ。スケート靴にスキー板やスキー靴って、金持ちの子じゃないと買えないからなァと、私は昔の人だから思う。夏のオリンピックだと、暑い地域の国も寒い地域の国も普通に参加出来るけど、冬季オリンピックだと、どうしても欧米高緯度の国が有利でね、そこら辺若干問題じゃないかという気もする。スケートリンクならボーリング場並みに屋内に作るのも可能で、昔は新宿の歌舞伎町の映画館ビルの最上階にスケートリンクがあったけど、バブルの時期ならいざ知らず、スキーする山を平地に持って来ることも出来なくて、日本人選手の出身地も北海道とか長野とかに限られちゃう。日本には他にも「雪国」と言われる地域はあるけど、長野県や北海道は、近代化の初めの段階で西洋文化が率先して入って行ったような地域だから、やっぱり冬季オリンピックには有利なんだろう。札幌と長野が冬季オリンピックの開催地にはなったけど、それ以外の日本の場所での開催はあまり考えられない。

スキーなんて高緯度系の欧米に限られるというところは微妙にあるけど、不思議なのはスケートですね。スピードスケートのメダルを女子がいくつも取ったのは、「日本の若い女は元気だ」ということでもあろうけれど、男子のフィギュアスケートにやたらとアジア系が多いっていうのは、なんなんだろう? 羽生結弦に宇野昌磨、中国の金博洋（ボーヤン・ジン）にアメリカのネーサン・チェン、カナダのパトリック・チャンと、上の方はアジア系ばっかりだ。男子フィギュアスケートの流れを変えたのは、引退した日本の高橋大輔だと思うけれど、それまでの直線的な欧米男子の単調なやり方が、彼の演技でかなり変わった。演技力が問題にされるフィギュアスケートの世界で、アジア的柔軟さが大きな意味を持つようになったかなというのは、考えすぎかもしれないが、しかし平昌の次の夏は東京、その先の冬は北京と、オリンピックはアジアばっかりだ。東京の次の夏のオリンピックはパリで、その次はロサンゼルスという予定にはなっているけれど、二つ先までのスケジュールが決まっちゃったのは、「東京の次」に立候補したのがパリとロサンゼルスしかないからで、「じゃ、二つを順番にしましょう」になった。裏を返せば、もうどこも立候補を表明しない可能性が高い。どうするんだろう？

もうこの先は、全部中国に任せるしかないんだろうか？　オリンピック開催ということになれば、やたらと金を掛けて「新しい競技場を作れ」に「インフラの整備」でね。日本を含めた西洋先進国に、そんな余裕ってあるんだろうか？　アジアの日本の大阪は万博をやりたがっているみたいだけど。

中国なんか広いんだからさ、「今度は広州、次は上海、その次は武漢でそのまた先は長春」みたいに、ずっと中国国内持ち回りにすればいいのに。「うっかりしてると大名が富を貯えてろくなことにならないから、定期的に無駄金を使う参勤交代をさせるといい」という徳川幕府の政策は、かなり参考になると思いますがね。習近平は憲法を変えて、国家主席の任期を延長する――ということは、習近平独裁を貫くつもりらしいから、その間ずっと中国でオリンピックやり続けてもいいんじゃないですかね。一帯一路政策っていうのも、考えてみりゃ「オリンピックをやり続けるための道路整備」みたいなもんかもしれないし、ＩＯＣ委員なんて金でどうとかなりそうだったりもするし（妄言多謝）。

「アジアの時代」と言われて、なんかあんまり嬉しくはないですね。「欧米の専権」ということはあったと思うけれど、それがアジアに変わってどうなるんだろう？「モノサシがなくなるんじゃないか？」という危惧がある。平昌オリンピックの駆け引きを見ていると、北朝鮮は自分に都合のいいことしか主張しない。韓国だって、日本に対して都合のいいことだけを言って、中国も同じ。

「外交とは自国に都合のいいことを言う」ではあっても、欧米的世界にはまだ「限度」というものがあった。でもアジアにはまだそれがない。どうするんだ？

二〇一八年四月

時間は均一に進んでいないの？

日本の総理大臣がアメリカに行って就任早々の大統領と会談した翌日、北朝鮮がミサイルをぶっ放したのにはちょっと驚いた――というか、「あーあ」と思って呆れた。「アメリカ・ファースト」の大統領は、同じ「アメリカ・ファースト」の日本の総理大臣と意気投合出来て、とても嬉しそうだった。友達がいない暴力的な寂しいガキ大将が、やっと友達と出会えて喜んでいるという感じが丸出しの、二人の握手姿だった。そういう姿を見て、「なんで俺だけ仲間はずれにするんだよ」とばかりに、これまた友達のいないガキ大将である北朝鮮がミサイルをぶっ放した――そのようにしか私には見えなかった。

北朝鮮と言えば、「俺も友達にしてくれよォ、仲間に入れてくれよォ」という思いを抱えたまま口に出来ず、ハタ迷惑な暴力行為でウサ晴しをしていた不良の中学生のように思っていたが、いつの間にか世界は「人の言うことを聞かない中学生がイニシアティヴを握るもの」になったような気がする。

「いい年して中学生かよ」と思って、改めてその前から気になっていた韓国のことと重ね合わせて考えてしまった。「朴槿恵《パククネ》大統領が、友人である一介の民間人の崔順実《チエスンシル》の言いなりになっていた」ということが暴露されて、「百万」と言われる単位のデモ隊が抗議活動を起こし、大統領は弾劾裁判にかけられるという、例の韓国のことである。「日本のデモはパッとしないが、韓国の民衆運動はすごいなァ」ということではない。人の波が青瓦台《せいがだい》の方に押し寄せて行くニュース映像を見て、「これって、十九世紀の光景か？」と思った。

崔順実の事件は、「後宮の女官が皇帝を意のままに操った」という種類の事件と同種である。「そんなことが二十一世紀の文明国で起こるのか」と思った。あれは、「民主主義の大衆行動」というようなものではなくて、「王宮の腐敗に怒って立ち上がった民衆の姿」という、十九世紀的なものだもの。「下は民主主義になっても、上は王朝政治のままなのか」と、韓国のことを思った。

インターネットが世界を結んで、SNSはたやすく「全世界同時発信」なんてことをして、世界は大きくて平らな一枚のテーブルになったみたいに思われかねないけれど、表面は平らで均一のように見えて、その薄い一枚板の下は、「これまでの時間の経過」が積った結果で、デコボコだなァと思いますね。だって、金日成《キムイルソン》、金正日《キムジョンイル》と続いた嫡流の長男の金正男《キムジョンナム》がマレーシアの空港で暗殺されるっていうのは、「落城の大坂城から逃げのびた豊臣秀頼の暗殺を、徳川家康が服部半蔵に命じた」と同じくらい時代錯誤的だもの。「なんという恐ろしいことを」である前に、「今時なにやってんの？」の驚きに近い。

表面上は「現代」という顔をしても、その内情は各国均一じゃない。自衛隊が行った南スーダンじゃ、大統領派と副大統領派が二つに分かれて銃撃戦を演じてる。よく考えりゃ、近代以前の十九世紀レベルの状態じゃないか。

世界中には、いろいろな「時計」がある。近代という時代を示して引っ張って来たヨーロッパ製の時計は、ネジが切れたのか、もう先を示せなくなった。「ヨーロッパに於ける極右勢力」というのは、進んで行く「近代」の時計の陰でおいてけぼりを喰わされていた、同じ国内の「周辺の土着」だろう彼等が、遅れていた「自分達用の時間」を進めるために、新しい時計のネジを巻き始めたというのに近いはずだ。

かつては「後進国」として取り残されていた国々が、経済発展のおかげで「先進国並」を当たり前に主張する。でもそれが実現されたら、多分、地球は過飽和状態でぶっ壊れる。今や、それを知るのが「先進国水準」なのだけれど。

自分達の都合だけで物事を進めて、それでうまく行くとは思えない。もう、国と国、文明と文明の緩衝地帯であるような「フロンティア」は消滅していて、一国のエゴは簡単に他国と抵触して怒りを買う――勝手に自国の空港で殺人事件を起こされたマレーシア政府が、それまで友好的だった北朝鮮にストレートな怒りをぶつけるように。

衝突を起こしたら、その先は「戦争」なのか？　しかし、二回の世界大戦を経験した世界は、「本格的に戦争を始めたら莫大な被害が出る」ということをもう知っている。「没落せずになんとか繁栄を」と思う国は、戦争という選択肢を取らず、威嚇のためにやたらの金を注ぎ込んでいる。世界は、動きの取れない三すくみ状態にあって、それでも「なんとかなるんじゃないか」と思っている「遅れた時間勢力」は、イニシアティヴを取ってどうにかしようとしている。世界をリードした時計が止まったのは、自分達の時間だけを進めて「遅れている部分」を省みなかった結果だから、そこで「我こそは――」をやっても結果は知れている。

二〇一七年四月

第五章

世界は一つなんて誰がいった？

「世界は一つ」でいいのかしら？

トマ・ピケティの『21世紀の資本』が話題になってますが——と言いはしても、それは時候の挨拶程度のことで、私はその大著を読んではおりません。「どうせ俺なんかには分かるはずもない」と思って読むつもりもありませんが、ピケティのことを特集している雑誌をチラッと見て、少し驚きました。というのは、何人もの方が『21世紀の資本』について語ってらっしゃるのですが、そこに「彼の理論は世界を救えるのか？」という問いが共通して存在するのです。

「救えない」と考える人もいるし、「救う理論としては少し不十分なところもある」と言う人もいますが、共通しているのはピケティの理論をひとまず「全世界を覆うもの」として考えているところですね。「今時、一つの理論で〝世界が救える〟なんてことがありうるのかな？」と思って、それでうっかりと「経済というものは、世界を〝一まとまりのもの〟として考えちゃうものなんだな」ということに気がつきました。ピケティや経済の理論の前提は、「世界を均一な一として扱う」なんですね。

かつて社会主義が力を持って、その正しさが信じられていた時代には、全世界が社会主義で覆われることの正しさだって信じられていた。愚かな私は、その時にただ「そうなの?」と思っていただけだけれど。

社会主義の正しさを信じる人が多くいたからこそ――「多い」と言っても、全世界の人口からすればそれほどの多数派ではなかったろうけれど――「社会主義は世界を覆うべきだ」と思われていたはずで、高校生くらいの私は、「そう思ってる人が多いんだから、きっと正しいんだろうな」と思っていて、「正しいからこそ〝世界に広がって世界は覆われるべきだ〟って考えられてるんだろうな」と思った。思うだけで、「でもよく分かんないな」だけだったけれど。

でもちょっとだけ触ってみようかなと思って、史的唯物論とかいうのを見て、「世界は原初の楽園状態から云々」というようなことが書いてあるのに、「これってつまり、アダムとイヴの状態を〝始まり〟ってことにしてるけど、日本の始まりはイザナギとイザナミの命《みこと》だしな」と思って、そのズレを埋めてくれる話がどこにもなかったので「よく分からない」のまんまになった。その十代の段階で私は「〝世界は一つ〟と考えるのには無理があるんじゃないの？」と感じていたわけだけれど、そんな私の疑問をすっ飛ばして、「世界を覆う正しい理論」は存在していた。そんな考え方をしてしまったおかげで、「社会主義は正しい理論だから、世界を覆うと考えられているんだな」と思っていたが、今になってよく考えれば、社会主義だって経済学の理論だ。

「経済学の理論は、世界を覆わなければ納得されないものである」と考えれば、「社会主義は正しいから全世界に広がるべきだ」という考え方と、「グローバリズムは正しいから全世界に受け入れられるべきだ」というのは、同じ考え方だということが分かる。「なんだ、そうなのか」である。

自由主義経済が社会主義経済と対立していたのだって、自由主義経済も経済学の理論だから、「世界を覆う」という欲望を必然として持っている。同じく「世界を覆いたい」の社会主義経済と対立するのは事の必然だが、なんで経済学の理論は世界を覆わなければ気がすまないのだろう？　経済なんて各地にそれぞれあるようなもんじゃないかと思っていて、柄にもなくアダム・スミスのことを考えた。

「古典派経済学の祖」ということになっているアダム・スミスだから、「経済学の理論は彼から始まった」と言っても、間違いにはならないだろう。アダム・スミスといえば十八世紀のイギリス人で、「産業革命に理論的基礎を与えた」ということになっているらしいが、蒸気機関に理論的基礎がいるとも思わなかったというのはオチョクリで、産業革命によって全世界をマーケットにする手前のところに、アダム・スミスのイギリスはいた。だとしたら、その経済理論が「世界を覆う」を暗黙の前提にしているのは当然のことだろう。なにしろ、経済は金儲けだし商売だ。世界に冠たる大英帝国の生む経済学の理論が、世界を覆わなくていいはずがない。

かくして「古典派経済学の祖」の理論は世界を覆い、次に出る新しい経済学の理論も、「既にある経済学の理論を倒して、新たに全世界を覆わなければならない」という宿命を背負うことになったんだろう。ペリーが鎖国の日本へやって来たのも、アメリカがＴＰＰの交渉を迫っていたのも、みんな「世界は一つであらねばならない」という経済学の理論によるものなんだろう。でかいショッピングセンターの前に中小商店が滅びるのも、「世界は一つ」であらんとすることの結果なんだろうけれど、それでホントにいいのかね？「いい、悪い」の判断抜きで進むのは、暴力だけどな。

二〇一五年五月

『三銃士』の頃を思い出す

イランとサウジアラビアが国交を断絶しましたですね。一部では「すわ、戦争か?!」というような騒がれ方もしましたが、私は「戦争が起きるならあれだな」と、違う戦争のことを考えました。私が考えた戦争は、第一次世界大戦です。

前にも言いましたが第一次世界大戦と言えば、ヨーロッパの国から王様達がいなくなった戦争で、長い歴史を誇るハプスブルク家のオーストリア帝国がなくなり、ドイツやロシアからも皇帝がいなくなった。消えて行くロシア皇帝の后はヴィクトリア女王の孫で、ドイツの皇帝もヴィクトリア女王の孫だから、この戦争はヨーロッパの王族同士の争いだったと言って言えないこともない。

王様がいなくなったところでは、代わりに独裁者が現れて擬似王制のような全体主義になり、これが第二次世界大戦で敗れて、ついに「政治の中心に王様のような権力者がいる」という、古くからの長い政治スタイルにピリオドが打たれて「現代」がやって来る。

その「現代」がうまく行かなくなると、「強いリーダー」という「人の言うことを聞かない指導者」が出て来るようになるが、それは歴史の揺り戻しみたいなもので、歴史の必然から言って長く続くものではないだろうと思いますが、そういうことを頭に置いておくと、やたらと長い名前の国王のいるサウジアラビアと、大統領の上に宗教的な最高指導者のハメネイ師のいるイランの国交断絶は、中東に於ける第一次世界大戦的なものの始まりではないのかという気がしてしまう。

あの地域は、その昔は「民族自決」なんてことが言われたけれども、外国の思惑が入り込んで収拾のつかないようなことになってしまって、「肝腎の現地住民はなにを考えているんだ?」ということにもなる。少なくとも私はそう考えて、「自分達でなんとかする」を実現するには、民主主義的な国になるしかないだろうと思う。「民主主義だから最良だ」というわけではなくて、「民主主義になるしかない」というのが歴史の必然ではなかろうかと私は考えるのだが、そう考えて、「宗教は人の自由な考え方を許すのか?」という、古い命題に辿り着いてしまう。

少なくとも、キリスト教の教会は、長い間「教義」を盾に取って、人の自由な考え方を許さなかった。だからヨーロッパには宗教改革以来の長い近代化の歴史があった。果してイスラムの教義は、「教義に反する人の自由な考え方」を許すのか？　あるいは「人の自由な考え方」と「犯罪」の間に明確な一線が引けるのか、というようなめんどくさいことを考えてしまって、「イランとサウジアラビアの国交断絶は第一次世界大戦と重なるものではないな」と思った。もっと古い、ユグノー戦争というのをちょっと思った。

十六世紀のスイスに起こったカルヴァンの宗教改革は、フランスに入ってユグノーと言われる人達を多く生み出した。フランスの王室はローマ教会につながる旧教のカトリックだから、新教徒のユグノーと対立、弾圧してユグノー戦争という事態を惹き起こす。ユグノー達は大西洋岸のラ・ロッシェルという町を根城にして王政府軍と戦い、「ユグノーを支援する」という名目で、ローマ教会に叛旗を翻してイギリス国教会というものを作ってしまったイギリスの軍隊がフランスに上陸する。イギリス国教会の教義はカトリックとほとんど変わらないが、ローマ教会に叛旗を翻した点で、ユグノーと同じ「新教徒」だから、「ユグノーを支援する」という名目は立つ。なんでそんなことを突然思い出してしまうのかと言えば、ダルタニャンを主人公とする『三銃士』がそこら辺のことを物語にしているからだ。新教徒であるイギリスのバッキンガム公が、穢らわしいカトリック教徒である美しいフランス王妃に恋をするという話もからめて。

サウジアラビアが、イランのシーア派指導者の一人をテロリストと断定して処刑し、報復としてイランの方ではサウジアラビアの大使館を攻撃するというのがあれば、ユグノー戦争のある『三銃士』の時代に近いかなと思った。

同じイスラムでも、スンニー派とシーア派はどのように違うのかよく分からないし、イランがシーア派で、アラブの王族の方はスンニー派だと言われても、すぐに「どっちがスンニー派でどっちがシーア派だっけ？」になってしまうけれど、ここにキリスト教の新教と旧教の違いを当て嵌めると、なんとなく分かるような気がする。どっちが旧教でどっちが新教だということではなくて、シーア派とスンニー派の対立は、昔のキリスト教の新教と旧教の対立のようなものだ。イギリスの国教会とユグノーとは、質が違うものであっても、どちらも「新教徒」なのだ。新教と旧教の差はあって、当事者達は「違う！」と言うが、部外者にはその違いがよく分からない。それは当事者の問題なんだから、当事者同士でカタをつけてくれとしか言いようがない。

二〇一六年三月

「世界は一つ」じゃなくてもいいよね

ボブ・ディランにノーベル文学賞が与えられると決定して、世界のあちこちで「それはよかった」というのと「あれが文学か？」という声が上がって、肝腎のボブ・ディランは「受ける」とも「受けない」とも言わずに、自分が受賞したことを知らないように無反応で、私は「あ、そんなもんなんだ」と思った。

私はノーベル文学賞があったっていいとは思うんですよね。私とはまったく関係ない世界の話で、ノーベル文学賞受賞者の名前を聞くたびに、「世界的に有名な文学者って、まだいたの？」と思う。そういう「文学者」というのはもう絶滅しちゃったと思っているので。五十年近く前にソ連のソルジェニーツィンがノーベル文学賞を受賞した時、友達が（真面目な人だったので）彼の『イワン・デニーソヴィチの一日』を読んでいた。ヘンな固有名詞を覚えるのが好きだった私は、読みもしないそんな作品名を今でもまだ覚えているが、実際にそれを読んでいた彼は、「むずかしいんだ」と私に言って、私は「じゃ読まなきゃいいのに」と言った。バカにして言ったことではなくて、分からない時に分からないものを読んだって身にならないと思っただけですがね。そこで私のノーベル文学賞は終わったんですね。

どうやらもらうらしいボブ・ディランは、詩人だからノーベル文学賞でもいいけど、でも「文学」を真剣に考える人は「あれが文学か」と言う。それで「文学とはなにか？」という小規模な論争が起こるのだけれども、「文学とはなにか？」という論争が起こってしまう段階で、「文学」はもう終わってるんだよね。「文学とはこういうもの」という共通理解があればこそ、「文学」というものは存在している。「文学とはなにか？」という問いが出て来たら、その共通理解が存在しなくなっているのだから、「もう文学は終わっている」ということになる。終わってたって、「もう存在してはいけない」というわけではないから、小説を書く人は書いてる。それと同じで、ノーベル文学賞があったっていいけど、それが「世界的ななにか」であった時代はとうの昔に終わっちゃってると思う。

それは、スウェーデンのどこかが出す賞で、世界にいくらでもある賞の中の「大きい方の賞」の一つだと考えた方がいいと思う。最早「世界文学の頂点に輝く賞」ではない――

―そう考えた方が揉め事にもならないだろう。

今更言うつもりもないけれど、「世界は一つだ。だからその世界の中で頂点を設定する」という、今まで的には当たり前だった考え方を、もうやめてもいいんじゃないのかな。世界は「いろいろな基準」に満ちてもいるんだから。たとえば、二〇二〇年予定の東京オリンピックで、ボート競技の会場をどうするか問題で、都知事の側は「海の森水上競技場」なるものを作るのは金がかかりすぎると言い、ヨーロッパ等の競技連盟の方では「海の森が最適だ」と言っているのは、ヨーロッパではボート競技がメジャーなスポーツではあっても、日本じゃそうではないという、位置付けの違いが根本にあることだと思う。

欧米じゃ、エリート大学の学生がボート競技をやっているから「メジャー競技」だが、日本では「大学生がやってるよね」的なもので、高い金をかけて立派な競技場を作れば「レガシーになる」とあちらは言うが、前提の違うこちらは、内心で「そんなものいる？」と思っている。高い金をかけて「この国にいるの？」と思うような競技場を作って、オリンピックが終わったら「負の遺産」という例はいくらでもあって、「そういうのはもうやめない？」になっちゃってるんだから、考えた方がいいですね。

「オリンピックは世界のスポーツ競技の頂点だ」という考え方はまだあるでしょうけれど

も、サッカーのワールドカップはオリンピックより「上」ですね。「人気の競技だからオリンピックに入れたい」と思って、なんでもかんでも入れてしまうから、余分な金がかかる。少しは「餅は餅屋」的な考え方をしたっていいんじゃないか。

たとえば、ボート競技だったらテームズ川かセーヌ川をその「聖地」にして、世界に中継すればいいじゃないか。ウィンブルドンのように——「世界的にメジャーなスポーツ」って言うんだったら。

今ある大きな会場をそのまま使おうと考えると、「小さい。観客数を増やすんだから、大きいのを造れ」と言われてしまう。テレビで全世界に中継するんだから、そんなにでかい会場を要求しなくたっていいじゃないかと思う。わざわざ二週間ばかりの間に世界中から人間を招き寄せて、そのために道路やらなにやらを作って、そんなに人間ばっかり一つに集める必要があるんだろうか？　三代前の都知事は「東京には夢が必要だ」って言ったけれど、ホントにそんなものが必要だったんでしょうかね？　「金がある」と思ってりゃ、後先を考えずに無駄なことをしますかね。

二〇一六年一二月

紙に戻せばいいのに

アメリカ大統領選挙のことがちょっと気になる。共和党のドナルド・トランプや民主党のバーニー・サンダースのような、既成のアメリカ型政治家像から離れた人が両極端にいて、大統領候補として票を集めている。といっても、バーニー・サンダースはれっきとした上院議員だが。言いたい放題主義のトランプや「社会主義者」のサンダースに人気が集まって来ると、最有力と見られていた民主党のヒラリー・クリントンが、「手垢のついた既成政治家の典型」のように思えてしまう。事実、サンダースの猛烈な追い上げを喰らっているクリントンは、「そうじゃないのよ！　私はみんなのこと考えているのよ！」的なアピールが丸見えになって、どんどん「嘘臭い既成政治家」に近づいてしまっているようにも見える。

今度の大統領選挙ですごいのは、「既成の政治家」を代表する有力候補が、女のヒラリー・クリントンただ一人ということですね。いくらでもいるはずの「男の普通の政治家」

の出番がなくなっているところが、「異常」と言ってもいいような今度の大統領選挙ですね。

ヒラリー・クリントンが大統領になるということは、アメリカに「どうして今まで通りなんだ！」という不満の声が高まることだし、トランプでもサンダースでもどっちでもいいけど、どちらかが大統領になったら、議会と衝突してアメリカ政治が遅滞するということでもある。既成の政治家像にNOを言うアメリカ人は、「それでもいい」と思っているわけだから、この先の世界がどうなるのかは、まったく分からない。少なくとも事態は、「初の女性大統領を――」というところをもう素っ飛ばしている。アメリカで女のトップは珍しいのかもしれないが、もう女の大統領や首相は、よその国で珍しくない。ここまで女の大統領を生み出さないアメリカの男性原理主義社会が、事態を硬直させたと考えられなくもないけれど、そういう話は大統領が決まってからでいい。

それで、私が今したいのは、別の話です。外からのサイバー攻撃がすごくて、官公庁のデータがごっそり持って行かれてしまうという話を聞きまして、私は思いました。「紙に戻しちゃえばいいのに」と。

サイバー攻撃って言ったって、勝手に他人のコンピュータに侵入してデータを持っててちゃうんだから、泥棒ですよ。盗んで行ったくせに「盗んでいません」とでも言うように、勝手にコピーを取って現物をそのままにしとくんだから、ただの泥棒より仕末が悪い。自分の部屋から一歩も出ないで、平気で盗みをしてしまうというのは、泥棒としてのモラル、人としてのモラルに反すると思う。「出来るんだからいいじゃん」という理屈を野放しにしたら、この世から「犯罪を成立させる要件」がなくなってしまう。「だからやめろ！」と言ったって、やる方はやめないでしょうね。だから、そういうことが出来なくなるような方法を考えればいい。

「セキュリティチェックを厳重にすればいい」って方向ではないですね。データをすべて、昔みたいに紙に書けばいい。紙に書かれた膨大な量のデータを持って行くのは、自分の部屋にいたままでは出来ない。大量の紙の山をどうやって運び出すか、具体的に考えなければならない。持ち出して、逃げて、それで見つからないようにするという、盗む側には三つの関門が用意される。それをクリアしてこその盗っ人でしょう。だから、盗まれて困るデータは、全部紙に戻せばいい。

ネットなんかにつなぐから盗まれてしまう。「さァ、持って行きやすいでしょう。盗んでください」と言わぬばかりの設定を作っておいて、その上でセキュリティチェックを厳重にするというのは、矛盾している。最大のセキュリティチェックは、「持って行かれるところに置かない」だと思いますけどね。

コンピュータによる効率アップというのは、実のところ泥棒にとっても効率アップで、悪気はなくてもうっかりしているだけでやたらの数のものを流出させてしまうことになる。紙に戻せばいいんですよ。そうして効率を悪くして、もう一度「しばらくお待ちください、ちょっと面倒なので」という状態を復活させればいい。効率が悪いということは、時間がかかるということで、それはつまり「考える時間が増える」になる。

携帯電話が普及してから、「あ、それから――」と、何度も電話を繰り返して来る人間が増えて来た。便利で即決だと、よく考えないで結論を下して、すぐに「あ、そうじゃなくて」の引っくり返しを生んでしまう。なにをそんなに急ぐんだ？ 「うっかりすると上海市場で株価が下がって大損するから、のんびりしてはいられない」というのは、ほんの一握りの人達で、「ほんの一握りの人達によって社会が動かされるのはへんだ」というところで、アメリカの大統領選挙も様変わりしちゃってる時代ですからね。

二〇一六年四月

自己承認欲求と平等地獄

　この半年くらい、気がつくと「自己承認欲求」という言葉をよく聞いていた。どうでもいい写真の類をＳＮＳに上げるのは自己承認欲求だ、とか。分かりそうなものだが、よく考えると分からない。どうしてそれが「下らない自己主張」ではなくて、「自己承認欲求」なんだ？　と考えて、「自己主張ならその受け手はなくともいいが、自己承認欲求だと受け手はいるな」と気がついた。相手がいなくても勝手に出来るのが自己主張だが、自分を認めてくれる相手を必要とするのが自己承認欲求で、そう思うと「なんでそんな図々しいこと考えるんだ？」と思う。

　世の中って、そんなに人のことを認めてなんかくれないよ。「あ、俺のこと認めてくれる人なんかいないんだ」と気がついたのは、もう三十年以上前のことだけど、気がついて、「認められようと認められまいと、自分なりの人生を構築してくしかないな」と思って、「人生ってそんなもんだな」と思った。取っかかりがない、風の吹く広野を一人行くとか。

引いた「凶」のおみくじにはそう書いてあった。そう思ってしまうと、自己承認欲求というのは、不幸な子供が求めるもので、大人が求めるようなものではないと思うのだが、今や大人は、みんな「不幸な子供」なんだろうか？

そうかもしれない。「自分はもう一人前の大人なんだ」という明確な自覚を持てなかったら、それはもう「不幸な子供」になってしまうだろう。

自己承認欲求というのは、今や当たり前のように広がっているらしい。ということは、「自分はその存在を誰かから認められていいはずだ」という願望を持つ人が当たり前に存在しているということで、しかもその「認められていいはずだ」で提出するものが、どうってことのないものだったりする。つまるところ、誰もが皆、「私は認められてしかるべきだ」と思う根拠を勝手に持っているということで、人間の平等はそのような形で達成されちゃったらしい。

ということになると、ここからが難問で、みんなが「私も認められたい」状況になってしまった時、誰がその承認欲求を満たしてくれるんだろうか？　芥川龍之介の昔なら、その下が地獄の底とつながっている極楽の蓮池のふちをぶらぶらとお歩きになるお釈迦様もいて、「あの者をこのままにしておくのは可哀想だから」と思し召されて蜘蛛の糸を下ろされたりもしようけれど、みんなが平等になっちゃうと、蓮池越しに下を覗き込むお釈迦様のような特別な人もいなくなってしまう。

他人を認められるだけの特別な立場を持つ人がいなくなっているにもかかわらず、「誰かに、誰にでも、認められたい」という欲求を持ってしまったら、その時から「誰でも自由に希望を口に出来る平等」は、「自己承認欲求のさざ波が立つ平等の血の池地獄」に変わってしまうが、どうするんだろう？　と考えた。

うっすらとそんなことを考えていたのが、ドナルド・トランプがアメリカの次期大統領に決まって、「もう世界情勢は混乱しちゃうぞ」という世の声が渦巻く中、大統領スキャンダルで騒々しい韓国のその先の北朝鮮のことをふっと頭に浮かべたら、「ああ、そりゃ自己承認欲求だ」と不思議にピンと来た。

北朝鮮がなぜ核実験やミサイル発射実験を繰り返すのかと言えば、大方の言うところは「アメリカと平和条約を結びたいから」である。つまり、「こっち向いてくれ！　向いてくれないならこっちにも考えがあるぞ！」と言って暴力的なデモンストレーションを繰り返しているわけで、つまりは、アメリカに対する自己承認欲求である。金正日《キムジョンイル》の時はそれほど露骨でもなかったが、金正恩《キムジョンウン》になってしまうと、もう明らかに「他人に認めてもらいたくてジタバタする不幸な子供」である。

オバマ大統領は、「仲よくしたいんなら、そんなバカげたことはやめろ」として、金正恩を相手にしてはいないが、しかしオバマのアメリカは、まだ「世界の警察」で、北朝鮮を「認める」ということが可能な立場に立っている。でも、ドナルド・トランプは、「もう世界の警察なんかやって無駄な金を使ってられない」という立場である。だとしたら、「北朝鮮が〝こっちを認めてくれ〟と言っている？　そんなもん俺と関係ないじゃないか」になってしまう。

北朝鮮がアメリカに対して「自己承認欲求」を強く打ち出したとしても、「そんなこと知らん」とアメリカに言われてしまえば、「自己承認欲求」そのものが成り立たなくなってしまう。だだをこねる息子と、それを無視するこわいお父さんの関係と一緒だ。

「これからどうするんだろう？」ということもあるが、よく考えれば、自己承認欲求というのは、平和がもたらした贅沢な産物なのだ。

二〇一七年一月

本書はＰＲ誌「ちくま」二〇一四年七月号から二〇一八年八月号までの巻頭随筆をまとめたものである。

ちくま新書
1384

思《おも》いつきで世《せ》界《かい》は進《すす》む
――「遠《とお》い地《ち》平《へい》、低《ひく》い視《し》点《てん》」で考《かんが》えた50のこと

二〇一九年二月一〇日　第一刷発行
二〇一九年三月　五　日　第三刷発行

著　者　橋本治（はしもと・おさむ）
発行者　喜入冬子
発行所　株式会社　筑摩書房
東京都台東区蔵前二-五-三　郵便番号一一一-八七五五
電話番号〇三-五六八七-二六〇一（代表）
装幀者　間村俊一
印刷・製本　三松堂印刷　株式会社

ISBN978-4-480-07196-5 C0295

ちくま新書

377 人はなぜ「美しい」がわかるのか　橋本治

「美しい」とはどういう心の働きなのか？「合理性」や「カッコよさ」とはどう違うのか？　日本の古典や美術に造詣の深い、活字の鉄人による「美」をめぐる人生論。

832 わかりやすいはわかりにくい？——臨床哲学講座　鷲田清一

人はなぜわかりやすい論理に流され、思い通りにゆかず苛立つのか——常識とは異なる角度から哲学的に物事を見る方法をレッスンし、自らの言葉で考える力を養う。

578 「かわいい」論　四方田犬彦

キティちゃん、ポケモン、セーラームーン——。日本製のキャラクター商品はなぜ世界中で愛されるのか？「かわいい」の構造を美学的に分析する初めての試み。

645 つっこみ力　パオロ・マッツァリーノ

正しい「だけ」の議論は何も生まない。必要なのは、論敵を生かし、権威にもひるまず、みんなを楽しませる笑いである。日本人のためのエンターテイメント議論術。

1110 若者はなぜ「決めつける」のか——壊れゆく社会を生き抜く思考　長山靖生

すぐに決断し、行動することが求められる現在。まともな仕事がなく、「自己責任」と追い詰められ、若者が「決めつけ」に走る理不尽な時代の背景を探る。

1139 無学問のすすめ——自分の頭で考える思想入門　伊東祐吏

「学問」にとらわれず、自分で考える素人たれ！　小林秀雄、吉本隆明、アーレントなどの著作を批判的に読解し、「無学問」を説く。タブーに切り込む一冊！

1160 あざむかれる知性——本や論文はどこまで正しいか　村上宣寛

直感や思いつきは間違いの元。ダイエット、健康、仕事、幸福について、メタ分析を駆使した結論を紹介。ゴミ知識にまどわされず本当に有益な知識へ案内する。

ちくま新書

085
日本人はなぜ無宗教なのか
阿満利麿
日本人には神仏とともに生きた長い伝統がある。それなのになぜ現代人は無宗教を標榜し、特定宗派を怖れるのだろうか? あらためて宗教の意味を問いなおす。

783
日々是修行
――現代人のための仏教一〇〇話
佐々木閑
仏教の本質とは生き方を変えることだ。日々のいとなみの中で智慧の力を磨けば、人は苦しみから自由になれる。科学の時代に光を放つ初期仏教の合理的な考え方とは。

956
キリスト教の真実
――西洋近代をもたらした宗教思想
竹下節子
ギリシャ思想とキリスト教の関係を検討し、近代ヨーロッパが覚醒する歴史を辿る。キリスト教という合せ鏡をとおして、現代世界の設計思想を読み解く探究の書。

1170
宗教に関心がなければいけないのか
小谷野敦
宗教に関心を持ちきれなかった著者による知的宗教遍歴から、道徳、死の恐怖との向き合い方まで、「宗教にぴんと来ない人」のための宗教入門ではない宗教本!

1103
反〈絆〉論
中島義道
東日本大震災後、列島中がなびいた〈絆〉という価値観。だがそこには暴力が潜んでいる? 〈絆〉からの自由は認められないのか。哲学にしかできない領域で考える。

939
タブーの正体!
――マスコミが「あのこと」に触れない理由
川端幹人
電力会社から人気タレント、皇室タブーまで、マスコミ各社が過剰な自己規制に走ってしまうのはなぜか? 『噂の眞相』元副編集長がそのメカニズムに鋭く迫る!

988
キレる女　懲りない男
――男と女の脳科学
黒川伊保子
脳の回路特性を知れば、男と女はもっとわかり合える。職場では人材活用の参考書となり、恋愛指南本として使え、夫婦の老後の備えともなる究極の男女脳取扱説明書。

ちくま新書

1321 「気づく」とはどういうことか——こころと神経の科学　山鳥重

「なんで気づかなかったの」など、何気なく使われるこの言葉を手掛かりにこころの不思議に迫っていく。注意力が足りない、集中できないとお悩みの方に効く一冊。

339 「わかる」とはどういうことか——認識の脳科学　山鳥重

人はどんなときに「あ、わかった」「わけがわからない」などと感じるのか。そのとき脳では何が起こっているのだろう。認識と思考の仕組みを説き明す刺激的な試み。

363 からだを読む　養老孟司

自分のものなのに、人はからだのことを知らない。たまにはからだのことを考えてもいいのではないか。口から始まって肛門まで、知られざる人体内部の詳細を見る。

569 無思想の発見　養老孟司

日本人はなぜ無思想なのか。それはつまり、「ゼロ」のようなものではないか。「無思想の思想」を手がかりに、日本が抱える諸問題を論じ、閉塞した現代に風穴を開ける。

695 哲学の誤読——入試現代文で哲学する！　入不二基義

哲学の文章を、答えを安易に求めるのではなく、思考の対話を重ねるように読み解いてみよう。入試問題の哲学文を「誤読」に着目しながら精読するユニークな入門書。

866 日本語の哲学へ　長谷川三千子

言葉は、哲学の中身を方向づける働きを持っている。和辻哲郎の問いを糸口にパルメニデス、デカルト、ハイデッガーなどを参照し、「日本語の哲学」の可能性をさぐる。

1076 感情とは何か——プラトンからアーレントまで　清水真木

「感情」の本質とは何か？　感情をめぐる哲学的言説の系譜を整理し、それぞれの細部を精神史の文脈に置きなおす。哲学史の新たな読みを果敢に試みる感情の存在論。